中国古代士人

王 俊 编著

中国商业出版社

图书在版编目（CIP）数据

中国古代士人 / 王俊编著. -- 北京：中国商业出版社，2017.1

ISBN 978-7-5044-9650-8

Ⅰ.①中… Ⅱ.①王… Ⅲ.①士-研究-中国-古代 Ⅳ.① D691.2

中国版本图书馆 CIP 数据核字 (2016) 第 308000 号

责任编辑：常　松

中国商业出版社出版发行
010-63180647　www.c-cbook.com
（100053 北京广安门内报国寺 1 号）
新华书店经销
三河市同力彩印有限公司

*

710×1000毫米　16开　15印张　228千字
2017年9月第1版　2017年9月第1次印刷
定价：45.00元

* * * *

（如有印装质量问题可更换）

《中国传统民俗文化》编委

主　编　傅璇琮　著名学者，原国务院古籍整理出版规划小组秘书长，清华大学古典文献研究中心主任教授，原中华书局总编辑

顾　问　蔡尚思　著名历史学家，中国思想史研究专家
　　　　卢燕新　南开大学文学院副教授
　　　　王永波　四川省社会科学院文学研究所副研究员
　　　　叶　舟　中国思维科学研究院院长，清华大学、北京大学特聘教授
　　　　于春芳　北京第二外国语学院教授
　　　　杨玲玲　西班牙文化大学文化与教育学博士

编　委　陈鑫海　首都师范大学中文系博士
　　　　李　敏　北京语言大学古汉语古代文学博士
　　　　赵　芳　出版社高级编辑，曾编辑出版过多部文化类图书
　　　　韩　霞　山东教育基金会理事，作家
　　　　陈　娇　山东大学哲学系讲师
　　　　吴军辉　河北大学历史系讲师
　　　　石雨祺　出版社高级编辑，曾编辑出版过多部历史类图书
　　　　王　欣　全国特级教师

策划及副主编　王俊

序　言

中国是举世闻名的文明古国，在漫长的历史发展过程中，勤劳智慧的中国人，创造了丰富多彩、绚丽多姿的文化，可以说人创造了文化，文化创造了人，这些经过锤炼和沉淀的古代传统文化，凝聚着华夏各族人民的性格、精神、智慧，是中华民族相互认同的标志和纽带。在人类文化的百花园中摇曳生姿，展现着自己独特的风采，对人类文化的多样性发展作出了巨大贡献。中国传统民俗文化内容广博，风格独特，深深地吸引着世界人民的眼光。

正因如此，我们必须深入学习贯彻十八届三中全会精神，按照中央的规定，加强文化建设。2006年5月，时任浙江省委书记的习近平同志就已提出："文化通过传承为社会进步发挥基础作用，文化会促进或制约经济乃至整个社会的发展。"又说："文化的力量最终可以转化为物质的力量，文化的软实力最终可以转化为经济的硬实力。"（《浙江文化研究工程成果文库总序》）今年他去山东考察时，又再次强调：中华民族伟大复兴，需要以中华文化发展繁荣为条件。

学习习近平同志的重要讲话，确可体会到，在政治、经济、军事、社会和自然要素之中，文化是协调各个要素协同发展、相关耦合的关健。正因为此，我们应该对华夏民族文化进行广阔、全面的检视。我们应该唤醒我们民族的集体记忆，复兴我们民族的伟大精神，发展和繁荣中华民族的优秀文化，为我们民族在强国之路上阔步前行创设先决条件。

实现民族文化的复兴,更必须传承中华文化的优秀传统。现代中国人,特别是年轻人,对传统文化十分感兴趣,蕴含感情。但当下也有人对具体典籍、历史事实不甚了解,比如说,中国是书法大国,谈起书法,有些人或许只知道些书法大家如王羲之、柳公权等等的名字,知道《兰亭集序》是千古书法珍品,仅此而已。再比如说,我们都知道中国是闻名于世的瓷器大国,中国的瓷器令西方人叹为观止,中国也因此而获得了"瓷器之国"(英语 china 的另一义即为瓷器)的美誉。然而关于瓷器的由来、形制的演变、纹饰的演化、烧制等等瓷器文化的内涵,就知之甚少了。中国还是武术大国,然而国人的武术知识,或许更多地来源于一部部精彩的武侠影视作品,对于真正的武术文化,我们也难以窥其堂奥了。我们还是崇尚玉文化的国度,我们的祖先,发现了这种"温润而有光泽的美石",并赋予了这种冰冷的自然物以鲜活的生命力和文化性格,例如"君子当温润如玉",女子应"冰清玉洁"、"守身如玉";"玉有五德",即"仁"、"义"、"智"、"勇"、"洁",等等。今天,熟悉这些玉文化的内涵的国人,也为数不多了。

也许正有鉴于此,有忧于此,近年来,已有不少有志之士,开始了复兴中国传统文化的努力,读经热开始风靡海峡两岸,不少孩童乃至成人,开始重拾经典,在故纸旧书中品味古人的智慧,发现古文化历久弥新的魅力。电视讲坛里一波又一波对古文化的讲述,也吸引着数以万计的人们,重新审视古文化的价值。现在放在读者眼前的这套"中国传统民俗文化丛书",也是这一努力的又一体现。我们现在确应注重研究成果的学术价值和应用价值,充分发挥其认识世界、传承文化、创新理论、咨政育人的重要作用。

中国的传统文化内容博大,体系庞杂,该如何下手,如何呈现?这套丛书处理得可谓系统性强,别具心思。编者分别按物质文化、制度文化、精神文化等方面来分门别类地进行组织编写,例如在物质文化的层面,就有中国古代纺织、中国古代酒具、中国古代农具、中国古代青铜器、中国古代钱币、中国古代石刻、中国古代木雕、中国古代建筑、中国古代砖瓦、中国古代玉器、中国古代陶器、中国古代漆器、中国古代桥梁等等。

在精神文化的层面，就有中国古代书法、中国古代绘画、中国古代音乐、中国古代艺术、中国古代篆刻、中国古代家训、中国古代戏曲、中国古代版画等等；在制度文化的层面，就有中国古代科举、中国古代官制、中国古代教育、中国古代军队、中国古代法律等等。

此外，在历史的发展长河中，中国各行各业还涌现出一大批杰出的人物，至今闪耀着夺目的光辉，启迪后人，示范来者，对此，这套丛书也给予了应有的重视，中国古代名将、中国古代名相、中国古代名帝、中国古代文人、中国古代高僧等等，就是这方面的体现。

生活在21世纪的我们，或许对古人的生活颇感好奇，他们的吃穿住用如何？他们如何过节？如何安排婚丧嫁娶？如何交通？孩子如何玩耍？等等。这些饶有兴趣的内容，这套中国传统民俗文化丛书，都有所涉猎，例如中国古代婚姻、中国古代丧葬、中国古代节日、中国古代风俗、中国古代礼仪、中国古代饮食、中国古代交通、中国古代家具、中国古代玩具、中国古代鞋帽等等，这些书籍介绍的，都是人们深感兴趣，平时却无从知晓的内容。

在经济生活的层面，这套丛书安排了中国古代农业、中国古代纺织、中国古代经济、中国古代贸易、中国古代水利、中国古代车马、中国古代赋税等等内容，足以勾勒出古人经济生活的主要内容，让今人得以窥见自己祖先曾经的经济生活情状。

在物质遗存方面，这套丛书则选择了中国古镇、中国古楼、中国古寺、中国古陵墓、中国古塔、中国古战场、中国古村落、中国古街、中国古代宫殿、中国古代城墙、中国古关等内容。相信读罢这些书，喜欢中国古代物质遗存的读者，已经能大致掌握这一领域的大多数知识了。

除了上述内容外，其实还有很多难以归类却饶有兴趣的内容，例如中国古代的乞丐这样的社会史内容，也许有助于我们深入了解这些古代社会底层民众的真实生活情状，走出武侠小说家们加诸他们身上的虚幻不实的丐帮色彩，还原他们的本来面目，加深我们对历史真实的了解。继承和发扬中华民族几千年创造的优秀文化和民族精神是我们责无旁贷的历史责任。

不难看出，单就内容所涵盖的范围广度来说，有物质遗产，有非物质遗产，还有国粹。这套丛书无疑当得起"中国传统文化的百科全书"的美誉了。这套书还邀约了大批相关的专家、教授参与并指导了稿件的编写工作。

应当指出的是，这套书在写作中，既钩稽、爬梳大量古代文化文献典籍，又参照近人与今人的研究成果，将宏观把握与微观考察相结合。在论述、阐释中，既注意重点突出，又着重于论证层次清晰，从多角度、多层面对文化现象与发展加以考察。这套丛书的出版，有助于我们走进古人的世界，了解他们的美好生活，去回望我们来时的路。学史使人明智。历史的回眸，有助于我们汲取古人的智慧，借历史的明灯，照亮未来的路，为我们中华民族的伟大崛起添砖加瓦。

是为序。

傅璇琮

2014年2月8日

前 言

"士人"是"士"的现代称谓。"士"是中国历史发展到一定阶段产生的一个特殊阶层,随着历史的演进,"士"的内涵也不断发生变化。

构成中国古代士人的主体是在各类学府就读的学生和参加科举考试的各类举子,如生监、秀才、举人等;还有从事各种文化活动的人,如教师、作家等。由于中国古代许多官员是儒生出身,有一定的文化素养,他们在社会上扮演着双重角色,一方面,他们是国家官员的一部分;另一方面,他们又是社会文化的继承者,他们既能研读经史,又能参与国家管理,还能有出色的诗赋文章传世。一般认为,儒者、文官、诗人三位一体,构成了中国古代士人的典型品格。

在两千多年的历史发展中,士人阶层尽管始终是文化的主要承担者,始终具有独立性、主体性与超越性,但他们在不同历史时期又有不同表现。

先秦是士人阶层产生的时期,也是士人阶层总体特征最为突出的时期。此时由于社会动荡和多元化的政治格局,因而"士无定主""无恒产",他们被称为"游士"——可以自由选择自己的居住地与服务对象。"危邦不入,乱邦不居"是他们选择自由的证明。先秦诸子是这一时期士人阶层的精神代表,他们几乎人人怀有重建社会价值体系的宏图大志，人人具有独立思考、特立独行的品格。他们创立的思想学说在两千多年的中国文化学术的发展史上起到了基本范型的伟大作用。

秦汉以后，天下一统，高度集中的中央集权政治使士人阶层丢失了先秦士人那种选择的自由。经学博士的设立、官学的复兴使文化系统与政治系统呈现重新合流的趋势。先秦诸子的思想学说也被统治者依据政治需要而有选择地加以改造，使之成为统治阶级的意识形态。

中国古代士人在社会政治生活中难以实现自己的乌托邦理想，当他们不得已而将这种理想转变为文学价值时，则大大地丰富了文学的价值维度。我们研究他们的文学价值观，对于丰富我们的精神世界、提高文学的品位，为人们保留一片纯洁无瑕的精神家园以栖息心灵，是具有重要意义的。

目 录

第一章 中国古代士人概说

第一节 士的构成及其分化 …………………………………… 002
士人的构成 ………………………………… 002
士等分级 …………………………………… 003

第二节 士人阶层的产生与士人特性 ………………………… 006
士人阶层的独立性与主体意识 ……………… 008
士人的自我意识与使命感 …………………… 009

第三节 中国古代士人的生活情趣 …………………………… 012
士人的生活品位 …………………………… 012
士人与酒 …………………………………… 014
士人与茶 …………………………………… 019
士人与琴 …………………………………… 023
士人与棋 …………………………………… 025
士人与青楼女子 …………………………… 029

第二章 春秋战国士人

第一节 士人的出现背景 ……………………………………… 036
士人崛起的历史因缘 ……………………… 036

新格局下的新需要 ································· 038

第二节　早期士人处世之道 ································· 042
　　从国家机器中走出来 ································· 042
　　逐渐走向民间 ································· 043
　　形形色色的处世之道 ································· 047

第三节　战国时期士的类分与结构变化 ················· 052
　　战国时期士的类分与知识层 ······················· 052
　　知识官僚与社会结构的活化 ······················· 058
　　社会关系的活化 ································· 060

第四节　春秋战国士人代表人物 ·························· 066
　　商鞅 ································· 066
　　苏秦 ································· 074
　　张仪 ································· 078
　　庄子 ································· 082
　　墨子 ································· 086
　　孔子 ································· 089
　　荀子 ································· 092

第三章　秦汉时期的士人

第一节　秦汉士人重新定位与发展 ······················· 100
　　变乱中的转折 ································· 100
　　转折后的基本定位 ································· 105
　　东汉后期士人的觉醒 ································· 112

第二节　秦汉时期士人代表人物 ·························· 115
　　郦食其 ································· 115

陆贾	117
曹参	119
贾谊	121
伏生	125

第四章 魏晋士人与名士风流

第一节 魏晋时期士人发展 ………………………… 130

建安名士 …………………………………………… 130
竹林共游 …………………………………………… 131
江左名士 …………………………………………… 132

第二节 魏晋时期士人代表人物 …………………… 134

孔融 ………………………………………………… 134
曹植 ………………………………………………… 137
嵇康 ………………………………………………… 141
阮籍 ………………………………………………… 144
山涛 ………………………………………………… 146
王戎 ………………………………………………… 149
谢安 ………………………………………………… 151
王羲之 ……………………………………………… 153
谢道韫 ……………………………………………… 157
陶渊明 ……………………………………………… 162

第五章 唐宋时期的士人

第一节 唐宋时期士人生存空间与发展 …………… 166

唐宋时期社会变革对下层士人的冲击 ………………… 166

唐宋下层士人的生存困惑 …………………………… 169

第二节　唐宋下层士人的游历与游学 ………………… 174
　　唐、五代下层士人的游历生活 ……………………… 174
　　宋代下层士人的游学生活 …………………………… 178

第三节　唐宋时期士人代表人物 ……………………… 180
　　骆宾王 ………………………………………………… 180
　　王维 …………………………………………………… 184
　　李白 …………………………………………………… 188
　　苏轼 …………………………………………………… 193
　　朱熹 …………………………………………………… 196

第六章　明清时期的士人

第一节　明清文人趣味流变 …………………………… 202
　　士人与市民形象的变化 ……………………………… 202
　　士人在叙事小说中的退席 …………………………… 205
　　清初士人的西学风尚 ………………………………… 206

第二节　明清时期士人代表人物 ……………………… 208
　　唐伯虎 ………………………………………………… 208
　　徐文长 ………………………………………………… 214
　　金圣叹 ………………………………………………… 217

参考书目 ………………………………………………………… 224

第一章
中国古代士人概说

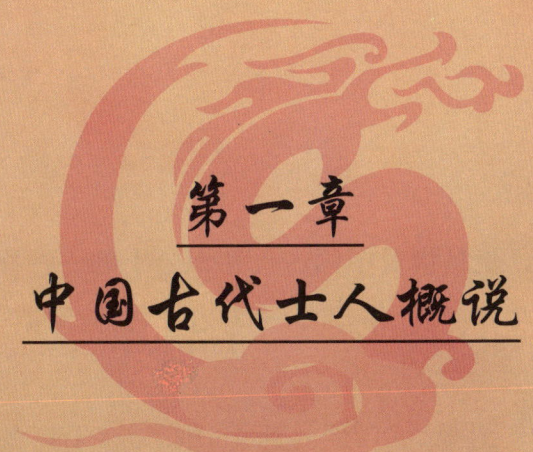

　　所谓士人,是中国古代对读书人的一种称谓。士人既是文化的继承者,更是文化的传播者。他们大多学贯古今,爱好广泛,并且有以天下为己任的胸襟。因此,士人这种只有在中国才有的独特身份,在中国古代的发展中,起着不容忽视的重要作用。

第一节　士的构成及其分化

■ 士人的构成

所谓士人,就是指对中国古代知识分子的一种称谓。士人,也叫儒生、文人。在春秋战国时期,士有着非常广泛的含义,主要包括以下几种:

(1)指青年男子。《诗经·卫风·氓》:"于嗟女兮,无与士耽!"《郑风·女曰鸡鸣》:"女曰鸡鸣,士曰昧旦。"孔颖达疏:"士者,男子之大号。"所以,士女可以并称。《诗经》中不少爱情诗所提到的士就是指青年男子。

(2)军士,多指甲士。先秦时期,士所担任的职业主要为武士与各类职事官。春秋以前,战争多为车战,当时的每辆战车上都会配有甲士,《司马法》上说:"长毂一乘,甲士三人。"驭手站在战车上的中间位置,左右两边分别有一名执弓矢或长矛,古代的甲士,就是指武士。每辆战车后面跟随许多步兵,所以,武士也算得上是冲锋陷阵的基层军官。

(3)各级贵族的通称。《尚书·多士》:"用告商王士。"又"尔殷遗多士。"不过"士"更多的是指宗法分封制下的一个等级。按照分封制度,天子、诸侯、卿大夫都要把自己的庶子或宗族兄弟以另立

▲ 中国古代士人形象

小宗支庶的办法逐层分封出去，士便处于这一宗法贵族等级系列的最末一等。

汉人贾谊说："古者圣王制为列等，内有公、卿、大夫、士，外有公、侯、伯、子、男……等级分明而天子加焉。"（《新书·阶级》）士又分为上士、中士、下士三等。许多士在王室和基层行政机构中担任各类职事官。据《周礼》记载，直接为王室服务的职事官达几十种之多，在诸侯公室中服务的士也为数不少。还有许多士在卿大夫的采邑内担任各种官职，其中地位较高者为邑宰、家臣，职责是管理采邑内的各种事务。

所以顾炎武在《日知录》卷七"士何事"条中总结说：春秋以前的士，"大抵皆有职之人"。

■ 士等分级

造成士等级分化的原因，从根本上讲是宗法分封制和等级制松动的结果，具体原因有以下几点：

第一，社会发展与变革对智能、知识的需求急剧增长。为了富国强兵，各国都程度不同地进行改革，削弱世卿世禄制，提倡"选练举贤，任官使能"的用人方针，形成了"礼士""贵士""重士"的社会风尚，这就为士冲破等级制的束缚、施展才干创造了良好的环境。

第二，私学兴起，打破了传统官学的教育模式，使新型文士脱颖而出。周代的教育制度是"学在官府"，只有士及贵族子弟享有受教育的权利，学校的培养目标是巩固贵族宗法等级制，在春秋社会大变革中，"学在官府"的局面也发生了变化，私人可以讲学办教育。在孔子以前已有私人讲学的现象，孔子则把私人讲学推向新阶段。在孔子弟子中有各类人才，有的入仕做官；有的经商致富；也有的从事教育学术活动，在社会上产生了广泛的影响。

战国时期，士人在获得较多的人身自由的同时，思想也得到了解放，他们打破了思想禁区，竞相宣传自己的思想见解和政治主张，出现了儒、墨、道、法、阴阳、名、兵等众多的思想流派，并互相驳难，各立新说，形成了百家争鸣的局面，将我国思想文化的发展推向了高峰。战国特定的历史环境，为士人提供了施展才华的大舞台。战国士人中涌现出一批杰出的政治家、思想家、军事家、文学家，他们为我国思想、文化、科技的发展做出了不可磨灭的贡献。

秦统一中国后，士人的情况发生了很大变化。此时，皇权凌驾于整个社会之上，并支配整个社会。专制的皇权与思想文化多样的发展不可避免地要发生冲突。为解决这一矛盾，历代封建统治者采用各种手段规范、束缚文人的思想和行动。秦始皇的"焚书坑儒"和汉武帝的"罢黜百家，独尊儒术"以及隋唐以后的科举取士制度，都是用不同形式对士人进行控制。历代统治者还采取许多措施对士人进行防范，如汉初禁止游士活动，明清大兴文字狱等。与战国相比，秦汉以后文人的自由大大缩小了。

中国古代士人的构成极为复杂。士人并非独立阶级，而是位于官和民之间，他们在文化传播与活化社会关系方面起到承上启下的积极作用。士人复杂的内部构成和士人多样化的社会职业不仅使他们的生活水平和生活方式存在较大差异，就是其品德、性格也存在很大的差异。士人中有正气凛然、胸怀坦荡的正人君子；有思想深邃、博闻多识的智囊人物；也有风流倜傥、多愁善感的才子佳人。当然，士人中也有一些为了荣华富贵出卖灵魂、丧失人性的败类。

▲ 焚书坑儒

因此，有关人士对中国古代士人及其社会生活的研究，将有助于我们对中国社会及中国古代文化的深入了解。

第二节　士人阶层的产生与士人特性

在先秦典籍中，士这一称谓有多种涵义。在一般用语中，士通常指男子，作为一个贵族阶层，士一般都在各级政权中任职。《说文解字》以"事"训"士"，即指士的社会角色而言。据《礼记·王制》载："天子之下有三公、九卿、二十七大夫、八十一元士。""元士"即士，因其供职于王室，社会地位要高于诸侯的士（元士的地位相当于小诸侯附庸），故称"元士"。大的诸侯国有三卿、下大夫五人、上士二十七人，等等。由此可知，士在各级政权中都充当着重要角色。

为了使士能胜任其职，西周统治者对士人阶层的教育和选拔十分重视，他们从小要在官学中受教育。西周的官学，在天子曰辟雍，在诸侯曰泮宫，地方上还设有乡校，称为庠序。在任命士人官职时，要经过严格考选："命乡论秀士，升之司徒，曰选士。司徒论选士之秀者而升之学，曰俊士。升于司徒者不征于乡，升于学者不征于司徒，曰造士……大乐正论造士之秀者以告于王而升诸司马，曰进士。司马辨论官材，论进士之贤者以告于王而定其论，论定然后官之。"士所受教育的内容，据《礼记·王制》和《周礼·地官·司徒》载，乃为礼、乐、射、御、书、数，即所谓"六艺"。因而西周的士实为彼时文化的主要传承者，同时又是宗法法制奴隶社会的主要维护者。

西周的士虽然是文化的承担者，但他们在中国文化发展史上却没有留下什么值得重视的贡献。这是由于他们作为一个贵族阶层被纳入一个严密的社会等级秩序中，在政治上有稳固的地位，在经济上有可靠的收入。这就使他们将维护现存制度当做自己的主要使命，而在文化上极少有创造性与进取性。他们所承担的礼乐文化是周初统治者制定的（相传周公制礼作乐，固不足尽信，但礼乐文化乃周初统治者在殷商文化遗产的基础上创造而成，则无可怀疑），对此他们并没有更多的补充，只是守成而已。因此，在西周士人阶层没有独立的文化意识，文化传统与政治传统是和谐地统一在一起的。

最初士人阶层的主要成分是破落贵族。社会的动荡和权力的重新分配使许多贵族降身为民，他们失去了昔日的政治地位和经济来源，唯一所有只是文化知识了。对于贵族的破落，在《诗经》中有大量记载。

大量贵族降身为民，但他们毕竟不同于一般庶民阶层，因为他们有文化知识，于是"四民"之说就出现了。《管子·小匡》云："士农工商四民者，国之石民也……"此既是说士人与农、工、商等三民一样，在政治经济地位上同属于"民"的范围，又说明他们是"民"中一个特殊的阶层。《国语·楚语下》云："士庶人不过其祖。"这句话是说士人阶层和其他庶民在当时"礼"的规定中地位相近，在祭祀活动中已没有西周士人的特权。遍观先秦典籍，士人在春秋时期已成为庶民中的一个特殊阶层，当是不争的事实。

这些由破落贵族组成的社会阶层产生以后，第一项伟大的贡献就是促进了私学的勃兴。在宗法制稳固的西周，教育由官方把持，基本上只是贵族子弟才有受教育的机会。到了春秋之时，那些流散民间、博学多才的士人或为生计，或为某种政治伦理目的，纷纷授徒讲学，于是私学便蔚然成风。由于私学的兴起，庶人子弟也有机会接受文化知识而跻身于士人阶层。到了战国时期，私学更盛，诸子几乎人人收徒，士人阶层的人数也就急剧增加，成为当时一股举足轻重的社会力量。

■ 士人阶层的独立性与主体意识

以往对中国古代士人阶层的研究也存在着一种片面性，那就是过于纠缠其依附性而忽视其独立性。其实相对独立性恰恰是古代士人阶层，特别是先秦士人的一大特征，不了解这一点就根本无法解释士人何以能够成为中国古代文化的主要承担者，无法解释他们何以能够产生乌托邦精神，从而也就无法真正理解中国古代文化精神的内在特征。那么，什么是士人的独立性呢？这是指他们是一种在一定程度上外在于社会政治系统的势力，并且具有规范社会的主体意识。相对于西周的士而言，他们这种独立性是极为明显的。士人的独立性主要表现在两个方面：选择的自由性与对君主的规范意识。

西周的士作为宗法制度的一个固定的贵族阶层是没有选择人生道路的权利的，他们只是被选择的对象。新兴的士人阶层则不仅为君主所选择，而且也选择君主。孔子说："……危邦不入，乱邦不居。天下有道则见，无道则隐。邦有道，贫且贱焉，耻也；邦无道，富且贵焉，耻也。"（《论语·泰伯》）孟子说："士之托于诸侯，非礼也。"

古代君主的"争士"之风对士人影响最大的不在政治层面上，更重要的是使士人阶层对自身价值有了充分认识，产生出自尊自重的主体精神。这种主体精神表现在他们中那些杰出分子所具有的向上规范君主，向下教化百姓，重新安排社会、建构社会价值的崇高志向上。这正是士人阶层独立性的充分展现。中国历代士人那种自强不息、以天下为己任的精神和救世意识都是对先秦士人独立意识与主体精神的继承与发扬。

士人中那些才智过人、胸怀大志者是不甘心仅仅借出仕以自养的。他们的志向是为王者之师，通过规范君主、塑造君主来推行自己的社会价值观。在君主面前,他们从不卑躬屈膝,他们甚至认为士人的价值高于君主的价值。

当然,不管是士人的高目标追求,还是君主的礼贤下士,在根本上都是以统治者的利益为前提的。只有在离开士人的支持君主就无法很好地维持其统治的条

▲ 古代官员士人形象

件下,他们才会看重士人。春秋战国之时正具备了这样的条件,因此,此时士人阶层的独立意识也就得到高扬。到了天下一统、社会稳定的时候,君主对士人就换了一副面孔,他们对士人的倚重和利用也就以"恩赐"而非"礼敬"的形式出现了。至于那些不堪实用的文学之士,君主们则以"倡优蓄之"的态度来对待。在这种情况下士人们再不敢公然以王者之师自居了,也不敢再讲士贵于君的话头,有大量士人就依附于君权,安心于功名利禄了。但那些在先秦士人独立精神影响下,依然怀有乌托邦意识的杰出之士,却还是以规范君主、教化百姓、安排社会秩序为己任,只是在方式上不再像先秦士人那样直露而已。

社会的动荡,多元化的政治格局以及君主对士人的需求都是使士人获得相对独立性和主体性的先决条件,但这些还都不能构成充分条件。士人能成为一个独立的阶层,能形成一个整体,这当然不是任何外在原因所能决定的,在他们自身必有某种共同性在起着关键作用。这种共同性便是文化。

■ 士人的自我意识与使命感

中国古代士人在形成一个独立的阶层后,他们在借助自己所学的

文化知识去干预社会的同时，也要时刻谨记反观自身的行为是否有过错，因此，这便形成了他们的自我意识。士人的自我意识一旦形成，就意味着这个阶层的自觉——认识到自身的存在、特点以及肩负的历史使命。当然，其中还包括士人对自身的不断批判。

士人阶层虽有其整体上的独立性，但具体到个体士人身上就颇有不同了。他们在各方面都存在着个性与差异。士人的自我意识在其最浅层的意义上就是对这种差异性的认识。在先秦诸子中，有许多人都对士人的形态和类别进行过描述。《墨子·杂守》将士人分为谋士、勇士、巧士、使士，这是依据士人的特长及可能胜任的工作而分的。《庄子·刻意》将士分为山谷之士、平世之士、朝廷之士、江海之士、导引之士，这是依据士人所追求的目标而分的。

诸子对士人的分类一方面反映了士人阶层对自身构成状态的自觉反省，一方面也表现出他们的自我规范、自我批判的意识。在上述分类中，大都含有一种价值判断，士人应该如何、不应如何，应遵循怎样的处世准则，他们都有明确的倾向性。一般说来，先秦诸子各自都有自己对士人理想人格的标准，都表现着士人阶层自我规范的意识，在这里我们仅以儒家为例来说明士人阶层在这个层次上表现出的自省精神。

孔子是儒家的领军人物，他的价值观几乎对中国文化精神造成极为深远的影响力。但是，孔子的价值观是如何形成的呢？历朝历代的封建统治者对孔子的百般推崇也罢，后来的"五四"反封建主义的斗士把孔子视为万恶之源的否定也罢，甚至近几十年来海内外学者将孔子看作是"人的自觉"的体现者这一观点，都无法对这一问题做出合理的解释。

"道"的本义就是道路。《说文解字》释云："道，所行道也，一达谓之道。"春秋时，这个概念被引申为人或自然所遵循的法则，如稍早于孔子的郑国大夫子产说："天道远，人道迩，非所及也，何以知之？""天道"即自然的法则，"人道"即人间的法则。在这里"道"已具有了某种哲学意味。但其中尚没有更复杂的内涵。到了春秋末年，老子与孔子分别赋予"道"以新义，老子顺"天道"的逻辑演进，将"道"置于天地之上，成了万事万物的根本；孔子则顺"人道"的逻辑演进，将"道"具体化为儒家士人社会人生价值观的代名。可以说，孔子之"道"是士人阶层用以规范社会、规范自身的价值准则之一。

儒家士人提倡道德理想主义有另一个原因，那就是不得已。士人阶层安排社会秩序的动机是他们刻骨铭心的价值关怀，这是他们的独立性、主体性所决定的。但作为一个知识阶层，他们却根本找不到直接干预社会政治的有效方式，这就出现了目的与手段之间的矛盾。他们只好在自己的唯一凭借——精神文化上找出路。道家的自然主义价值追求、儒家的道德理想主义主张，都是在这一矛盾中被逼出来的。

以上分析可以说明，"仁"是只有"悬浮"于统治集团与黎民百姓之间的士人阶层才够提出来的价值范畴。在孔子这里，这一范畴是用以约束士人自己的。近年来论者多采取"融仁入礼"之说，以为"仁"是"礼"的内容，这自然并非毫无根据，然就其本来意义而言，"仁"只能解释为儒家士人的自我规范，它体现的是士人阶层的自觉。总之，士人阶层的自我意识与自我规范以及历史使命感促使他们建立起一套价值观念体系，他们的目的是从自我修持入手去重新安排处于混乱中的社会现实。至于他们的自我规范以及对君主的规范被后世那些聪明的统治者巧妙地转化为规范人民的手段，成为占统治地位的意识形态，则是他们做梦也没有想到的。

第三节　中国古代士人的生活情趣

■ 士人的生活品位

考察中国古代士人的生活会发现，古代士人的生活方式既受到社会制度和社会环境的制约，也与士人的品格和处境有直接的关系。

中国古代士人以天下为己任，具有强烈的参与意识和社会责任感，为实现理想和抱负，必须不断提高自己的知识水平，因此，古代士人几乎都有刻苦读书的经历。读书在士人生活中占有重要位置。当然，大多数士人是为入仕而读书，具有强烈的功利性。但是，他们刻苦学习、锲而不舍的精神一直鼓舞后人努力奋进、不断攀登。

在生活观念上，中国古代许多士人奉行"贵适意"的生活观。"贵适意"，即考虑问题、决定事情从是否符合自己的心愿出发，一旦不合己意，便毫不迟疑地另做打算。"贵适意"的生活观流行于魏晋时期。此时，社会动荡，政治斗争尖锐，社会现实的变化，促使士人个体意识觉醒，他们对儒家名教思想的认同感减弱，而信奉老庄自然无为思想，以"崇无"为特色的玄学风行一时，在生活上的表现便是"贵适意"。

"贵适意"生活观的特征是，儒家传统外在事功的追求让位于个体内在欲求的自足，生命价值取向偏向了自我。魏晋士人喜欢任心适志的个性化生活方式，如和峤有"钱癖"，王济有"马癖"；杜预有"《左传》癖";桓冲有"旧衣癖"等。此外,王羲之爱养鹅;张湛喜在房前种松柏、养鸰鸽。这种种癖好,实际上都体现了我行我素的人生原则。魏晋士人有些举动在常人看来不那么合乎情理,可他们却习以为常,就是因为适意。如孙统喜欢游山玩水,每到一地,非玩痛快不可,有时在回来的路上突然感到游兴未尽,便折返回去再欣赏一番。他们交友也是如此,"嵇康与吕安善,每一相思,千里命驾"。

"贵适意"的生活观对古代士人的生活方式影响很大,许多士人注重生活情趣,讲究生活品位,使生活个性化、多样化。比如,古代士人喜欢饮酒,酒增添士人的生活乐趣,可以调节情绪,畅快地宣泄情感,酒还可以消愁解忧;在特定条件下,酒还能使人躲避祸灾。酒有时还能激发创作灵感,酒后赋诗、写字、作画是士人生活的一大雅兴。"贵适意"的生活观在士人饮酒中得到了生动的体现。游历山川也是古代士人生活中最惬意的事。士人通过观赏祖国秀丽的自然风光,调适身心,陶冶情操。他们写下了大量的游记和山水诗,至今为人们吟咏。琴棋书画是古代士人生活中的四件雅事。悠闲地抚琴,紧张地对弈,闲适潇洒地写字、作画,是士人高雅的精神享受,士人在琴棋书画中尽展自己的才华和智慧,士人与琴棋书画的逸闻趣事,至今为人们津津乐道。

观古代士人的生活,不能不提他们与青楼女子的交往。青楼女,即妓女,古代士人狎妓并非全是金钱与肉体的色情交易。古代的部分妓女不仅有姿色而且有才艺,她们绰约的风姿、俊爽的谈吐、超人的才艺对士人有很强的吸引力,甚至与士人浪漫理想中的异性伴侣暗合。古代士人中越是有较高文化教养而感情丰富的男子,与女子交往的肉欲成分就越少,他们喜欢的是友谊、知心、调情,他们与妓女之间的关系是一种感情的共鸣和互悦,文人与妓女交往常常会表现出一种超越理性的自由，绝非仅是床笫之事。

中国古代士人在生活中比较注重精神自由和文化品位的追求，所以他们的生活情趣多样、高雅、充实而且有意义。不过也应看到古代士人生活并非全是无忧无虑的"闲适之乐"。不少士人生活并不如意，他们或因仕途不畅，或因在政治上遭受排挤、或因对社会现实不满，在这样的处境下，他们既不能实现政治抱负，又不甘心就此沉沦、自暴自弃，于是只好寻找生活中的乐趣。在士人潇洒、旷达、高雅生活的背后，往往是失意、愤懑和无奈。看看阮籍之饮，谢灵运之游，柳永之词，八大山人之画，会深刻地感受到古代士人内心世界的复杂。对于失意的文人而言，所谓"闲适之乐"不过是"带泪的微笑"。

■ 士人与酒

一般讲，中国古代士人在日常生活中对饮食不那么讲究。孔子云："君子谋道不谋食。"提倡"食无求饱，居无求安"。追求的是高尚的精神境界和道德的完善。但是，士人对酒却情有独钟。没有酒，便没有诗；没有酒，士人的生活将毫无生气，一片苍白。

中国人饮酒的历史可谓源远流长，相传黄帝时就有了酒。在距今5000年左右的龙山文化遗址中曾发现不少陶制酒器。据《战国策·魏策二》记载，大禹时"仪狄作酒而美，进之禹，禹饮而甘之"，称为"旨酒"。古代还传说"杜康造酒"。据《世本》及《说文解字》记载，杜康造酒里杜康即少康，是夏代国君，曾将一度失去的政权重新恢复，史称"少康中兴"。后来人们把黄帝、仪狄、杜康视为酒的创始人，杜康也成为酒的代称。

酒是人们生活中不可缺少的一部分。《汉书·食货志下》载："酒者，天之美禄。帝王所以颐养天下，享祀祈福，扶衰养疾，百礼之会，非酒不行。"对于古代士人来说，酒还有许多妙用。由于饮酒后可麻痹中枢神经，使人身心放松，暂时忘却忧愁烦恼，并可以尽情宣泄内心的喜怒哀乐，于是饮酒便成了士人解脱忧愁和烦恼的最好办法。

▲ 士人饮酒

士人饮酒之风盛行于汉末魏晋时期。此时，战争频频，社会动荡，疾疫流行，人口大量死亡。残酷的现实使人们感到生命短暂易逝，加之此时道家思想抬头而带来的对生命的悲观的思想，于是忧生成为一种社会思潮，在诗文中处处可见。

如何才能解脱这无尽的忧愁，充分享受短暂的人生呢？人们不禁想到了酒，酒无疑是解忧浇愁的最好饮品了。

的确，面对时光飘忽，生命无法把握的残酷现实，人是束手无策的。要消除对死的恐惧，恐怕也只有从酒中获得暂时的快感和享乐了。汉末魏晋时期，许多士人都将饮酒视为生活中高于一切的事。如建安七子之一的孔融说："坐上客恒满，樽中酒不空，吾无忧矣！"（《后汉书·孔融传》）

促成此时饮酒成风的另一个原因是这时政治斗争尖锐复杂，卷入政治旋涡的士人稍有不慎便会丢掉性命，尤其在魏晋嬗代之际，司马氏为夺取政权，对士人实行高压政策，顺者昌，逆者亡，使士人感到万分恐惧，他们进退维谷，如履薄冰，为保全自己，便拼命喝酒，以酒解愁，以酒避祸。著名的竹林七贤个个都是饮酒的高手。性格刚烈

的嵇康不愿与司马氏合作，声称"浊酒一杯，弹琴一曲，志愿毕矣"。

酒有优劣之分，君子亦有真伪之别。魏晋时期，有识之士常用酒解忧避祸，而那些放荡之士则借酒遮丑，一味享乐，二者不可同日而语。正如晋代隐士戴逵所说："竹林之为放，有疾而为颦者也，元康之为放，无德而折巾者也。"

古代士人中真正能领略到饮酒之乐的是陶渊明。他弃官隐居后，终日以酒做伴。恬静闲散的乡村生活，使他得以从品味酒的甘苦中来感悟人生。在宁静的夜晚，陶渊明常常看着墙上自己的影子独自斟酌，醉酒后便做诗抒怀，酒在陶诗中几乎处处可见。饮酒使陶渊明的心境更加平和、自然，体验到人生的乐趣。

唐宋以后，酿酒技术较前有所提高，各地都有名酒，士人饮酒之风更盛。为了喝到适合自己口味的酒，唐代有的士人在家自己酿酒。如诗人王绩雇人"春秋酿酒"。（《新唐书·王绩传》）他还向善酿酒的焦革学习酿酒法。唐太宗时的名臣魏征向西域胡人学习酿酒法，酿成的美酒用金瓮贮盛10年，味道醇美。唐太宗在魏征家饮用此酒，十分欣赏，写诗称赞道："千日醉不醒，十年味不败。"宋代大文豪苏轼也喜欢自己酿酒。他能根据不同地方的不同原料来酿酒。谪居黄州时，他自酿蜜酒招待客人，在定州时，酿松酒，在惠州作桂酒、真一酒等。苏轼对桂酒特别欣赏，在诗、赋、颂、尺牍中多处提到桂酒。桂酒是用桂皮酿成的酒，"酿成玉色，香味超然"。常饮桂酒可以抗瘴毒，养生延寿。苏轼还作《桂酒颂》，称赞桂酒的妙用："甘终不坏醉不醒，辅安五神伐三彭。肌肤渥丹身毛轻，泠然风水罔水行。"

苏轼性情豪爽，是至性之人，不善饮却喜饮，不能饮却喜见人饮，可见他的情感之真，胸怀之广，他喝酒喝的是一份性情。苏轼还写过一篇《醉乡记》，描绘了他在醉中向往的胜地。那里土地"旷然无涯，无丘陵阪险，其气和平一揆，无晦明寒暑；其俗大同，无邑居聚落；其人甚精，无爱憎喜怒。吸风饮露，不食五谷。其寝于于，其行徐徐。鸟兽龟鳖杂居，不知有舟车器械之用"。苏轼的醉乡游，不仅是酒后的幻觉，更是他的理想的追求。如果说苏轼的（《醉乡游》）对饮酒之趣的描绘似乎有些缥纱，而善豪饮的李白在《醉吟诗》中对酒中之趣就说得明白透彻了：

　　　　天若不爱酒，酒星不在天。
　　　　地若不爱酒，地应无酒泉。
　　　　天地既爱酒，爱酒不愧天。
　　　　已闻清比圣，复道浊如贤。
　　　　圣贤既已饮，何必求神仙？
　　　　三杯通大道，一斗合自然。
　　　　但得酒中趣，勿为醒者传。

在李白看来，酒中之趣在于通大道合自然，这是只能意会不能言传的。宋代文学家欧阳修也是爱酒之人，号称"醉翁"。他也和苏轼相似，不善酒，"饮少辄醉"。但深知饮酒之趣，即爱酒之心实在酒外，"醉翁之意不在酒，在乎山水之间也。山水之乐，得之心而寓之酒也"。(《醉翁亭记》)

士人酒量大小各异，但饮酒后所感受到的精神愉悦则是相同的。正如元好问在《后饮酒》中所说：

酒中有胜地，名流所同归。

人若不解饮，俗病从何医？

元好问所说的饮酒能免"俗病"，不与世俗合流，是指饮酒微醉时，可以暂时摆脱现实的束缚，返朴归真，求得身心的放松和精神的自由，这是士人饮酒的最大乐趣所在。饮酒后，人常有直率、自然的表现，能展示真实的自我。

苏轼认为，即使生活贫寒，有一瓢酒也不愿自己享用，因为独饮缺乏趣味。如常言所说，"茶宜静，酒宜喧"。"喧"即指饮酒应有一定气氛，许多士人都愿与好友、家人相聚而饮，谈笑风生，其乐融融，会感到无比的畅快。白居易有一首《问刘十九》，便是诗人向好朋友刘十九发出的热情邀请：

绿蚁新醅酒，红泥小火炉。

晚来天欲雪，能饮一杯无？

绿蚁指新酿的酒。酒在未滤清时，上面浮起酒渣，色微绿细如蚁，故称"绿蚁"。在欲雪的寒天，与好友坐在通红的小火炉旁，共饮一壶好酒，推心置腹地交谈，无拘无束，暖意融融，这充满生活情趣的场面，多么惬意！

唐代，长安的士人还喜欢到有胡姬的酒肆聚会畅饮。唐代时期，对外贸易发达，长安城内居住着许多胡商，在胡人开设的店肆中，有不少酒肆，酒肆中的侍者多是擅长歌舞的胡女，故称胡姬酒肆。胡姬酒肆具有独特的异国情调，文人墨客大都喜欢到这里饮酒聚会。李白在《少年行》中写道：

五陵少年金市东，银鞍白马度春风。

落花踏尽游何处？笑入胡姬酒肆中。

士人爱到胡姬酒肆聚饮，一是因为这里的酒都是西域名酒，味道醇美；二是胡姬容貌亮丽，打扮入时，善解人意。李白对胡姬酒肆兴趣浓厚，经常前去饮酒，"细雨春风花落时，挥鞭直就胡姬饮"。边饮酒，边欣赏胡姬歌舞，无比畅快，乐不思归。李白还有诗云："胡姬貌如花，当垆笑春风。笑春风，舞罗衣，君今不醉将安归！"（《前有樽酒行》）李白生于西域，可能对西域风情有一种天然的亲近感吧！

　　古代士人饮酒，无论是独饮还是对酌，无论是在花前月下还是在山林老泉，追求的是"酒中趣"。只要知趣，便悠然自得。

　　中国古代士人喜欢酒后作诗，酒助诗兴，于是有人认为作出好诗须饮好酒，这有一定的道理。因为酒后似醉非醉之时，身心放松之下，外在的束缚几乎不存在了，思路愈显敏捷，灵感容易闪现，于是佳句常常信手拈来。正如清人张潮在《幽梦影》中说："有青山方有绿水，水惟借色于山；有美酒便有佳诗，诗亦乞灵于酒。"陶渊明常常在饮酒后写诗，酒不仅使陶渊明远离了尘世的烦恼，还激发了他的创作灵感，写下许多篇佳作。正如梁萧统所说："有疑陶渊明诗，篇篇有酒。"

■ 士人与茶

　　茶与酒一样，也是中国古代士人生活中的重要饮品。中国是茶的故乡，中国人饮茶的历史可上溯到上古黄帝时期。炎帝也叫神农氏，相传他教人们播种五谷，又教人们识别各种植物，茶也是他发现的。《神农本草经》载："神农尝百草，日遇七十二毒，得荼而解之。""荼"与"茶"字通。《尔雅·释木》："槚，苦荼也。"东晋郭璞《尔雅注》认为"荼"即为茶树，"树小如栀子。冬生叶，可煮作羹饮。今呼早采者为荼，晚取者为茗"。中国古代茶有多种称呼。唐代茶圣陆羽在《茶经》中总结茶的名称，说："其名，一曰茶，二曰槚，三曰蔎，四曰茗，五曰荈。"一般认为，唐代定型为茶。

最初，茶是作为药物为人利用的。从神农尝百草的传说中可知，早期人们饮茶主要用来解毒。同时茶还具有醒脑、提神的作用。《神农本草经》说："茶叶苦，饮之使人益思、少卧、轻身明目。"晋人杜育在《荈赋》中说，茶可以"调神和内，倦解慵除"。《神农食经》："茶茗宜久服，令人有力、悦志。"悦志，指神情爽快。

中国最早种植茶树的地区是巴、蜀、滇。《华阳国志·巴志》记载：

▲ 士人斗茶

"自西汉至晋，二百年间，涪陵、什邡、南安、武阳、皆出名茶。"汉代茶已进入民众的日常生活中。汉宣帝时，王褒给僮仆规定的日常杂役中就有"武都买茶""烹茶尽具"两项。说明当时已有茶的买卖。魏晋时期饮茶的范围逐步扩大，上至官府，下至民间都有饮茶习惯。《三国志·吴书·韦曜传》记载，东吴皇帝孙皓每与大臣宴饮，竟日不息。他让大臣每次至少喝七升酒，否则予以处罚。韦曜不善饮酒，孙皓照顾他，便密赐以茶水，允许他以茶代酒。

中国古代对茶文化贡献最大的是陆羽。陆羽，字鸿渐，生于唐玄宗开元年间，他是个弃儿，自幼被龙盖寺和尚积公大师收养。积公为唐代名僧，陆羽得其教诲，深明佛理。积公好茶，陆羽专为他煮茶，时间一长，他就学到了高超的采制、煮饮茶叶的手艺。后来，陆羽游遍各地古刹，结识了不少善烹茶叶高僧。他不断总结经验，吸收前人的成果，著成《茶经》一书。《茶经》是我国第一部关于茶叶的源流、生产技术、饮茶技艺和茶道原理的综合性论著。《茶经》对中国茶文化的发展及饮食文化都产生了巨大的影响。《新唐书·陆羽传》说："羽嗜茶，著《经》三篇，言茶之源、之法、之具尤备，天下益知茶矣。时鬻茶者，至（制）陶羽形置汤突间，祀为茶神……其后尚茶成风。"陆羽被后人称为"茶圣"。

佛教禅宗仪规对中国古代饮茶风尚的流行也起了重要作用。隋唐时期，佛教得到很大发展，尤其佛教中的禅宗，以其仪规简便深受信佛者的欢迎。禅宗主张佛在内心，提倡静心、自悟，所以要"坐禅"。坐禅不仅要专注一境，还要求坐姿端正，"不动不摇，不委不倚"。长时间打坐容易使人困倦，而饮茶解渴，有醒脑提神、消除疲劳的作用，因此，茶便成为佛教徒的理想饮品。唐代，士人常常以茶点会友，称"茶会""茶宴""汤社"。唐"大历十才子"之一钱起，与好友赵莒相聚饮茶，他写下著名的《与赵莒茶宴》，诗曰：

竹下忘言对紫茶，全胜羽客醉流霞。

尘心洗尽兴难尽，一树蝉声片影斜。

诗人以清新的笔调描述了饮茶的环境、气氛，表达了以茶会友的雅兴。诗中"竹下忘言"，比喻朋友之间的亲密友好。此典出自《晋书·山涛传》："山涛与嵇康、吕安善，后遇阮籍，便结为竹林之交，著忘言之契。"

五代宋以后，士人聚会饮茶更为普遍。五代时，和凝与朝官共同组织"汤社""递日以茶相饮"，即轮流做东，请同僚饮茶。并规定"味劣者有罚"。从此"汤社"成为士人聚会饮茶的一种形式，开了宋代斗茶的先河。

宋代，士人相聚饮茶，流行斗茶。斗茶也称"茗战"，是士人集体品评茶优劣的游戏。宋人唐庚在《斗茶记》中说："政和二年三月壬戌，二三君子相与斗茶于寄傲斋，予为取龙塘水烹之第其品，以某为上，某次之。"斗茶强调的是"斗"即品评，茶之色、味俱佳，方能成为胜利者。

宋代士人斗茶之风提高了品茶技艺，也促进了制茶工艺的改进，为士人生活增添了许多乐趣。

宋代士人也喜欢到茶肆饮茶。茶肆也叫茶坊、茶铺、茶屋。北宋汴梁有许多茶肆，特别是在商店集中的潘家楼和马行街，茶肆最兴盛。南宋临安商业发达，饮茶处甚多，据吴自牧《梦粱录》载：士人常去的茶肆有车二儿茶肆、蒋检阅茶肆等。《萍州可谈》记载"太学生每略有茶会，轮日于讲堂集茶，无不毕至者"。

明清时期，茶肆称茶馆，士人饮茶注重雅兴，常常到那些干净整洁的茶馆饮茶。著名的"吴中四杰"，即文征明、祝枝山、唐伯虎、徐祯卿，多才多艺，琴棋书画无所不能，他们都喜爱饮茶。文征明、唐伯虎有多幅茶画流行于世。文征明是明代山水画的宗师，他的茶画有《惠山茶会记》《陆羽烹茶图》《品茶图》等。唐寅的茶画有《烹茶画卷》《品茶图》《琴士图卷》《事茗图》等。这些画多以自然山水为背景，体现了饮茶人对自然脱俗生活的向往。

明代士人还写了大量的茶书。明太祖朱元璋的儿子朱权，自幼聪慧，精于史学，对佛道教也有研究。但一生经历并不顺利，他与明成祖朱棣关系不好，后隐居南方，时常饮茶释怀，以茶明志。他曾著《茶谱》，说饮茶可以使"鸾俦鹤侣，骚人羽客，皆能去绝尘境，栖神物外，不伍于世流，不污于时俗，或会于泉石之间，或处于松林之下，或对皓月清风，或坐明窗净牖，乃与客清淡款话，探虚玄而参造化，清心神而出尘表"。可见，朱权饮茶是要让自己"栖神物外""清心神而出尘表"，获得精神上的解脱。除朱权外，明代有名的茶书还有顾元庆的《茶谱》、田艺衡的《煮茶小品》、徐献忠的《水品全秩》等。这些著作是对自陆羽《茶记》以来历代茶学的总结，极大地丰富了古代的茶文化。

清王朝建立之初，封建统治者加强了对士人的控制，许多士人失去了对社会的信心和理想，只能以茶寄托情思，显示雅趣。他们特别讲究茶汤之美，并喜欢在室内静静地品茶。文震亨在《长物志》中说，他于居室之旁构一斗室，相傍书斋，内设茶具，教一童专主茶役，以供长日清谈，寒夜独坐。清代士人饮茶，希望人越少越好，陆树声在《茶寮记》中说："独饮得神，二客为胜，三四为趣，五六曰泛，七八人一起饮茶便是讨施舍了。"

清代士人饮茶不像明代士人那样喜欢到山间清泉之侧鸣琴烹茶，追求与大自然的契合，而喜欢独自静饮，这一转变反映了他们在严酷的政治时局面前心灵世界的封闭和对理想追求的放弃。

■ 士人与琴

在中国古代社会，琴几乎是文人雅士人手必备的乐器之一，琴，也泛指音乐。在士人的日常生活中，抚琴听曲可谓是极为美妙的精神盛宴，也是表达思想感情的重要方式之一。早在春秋战国时期，人们就被乐器的表现力所深深吸引。荀子在《乐论》中说道："君子以钟鼓道志，以琴瑟乐心。"钟鼓能发出金石碰撞的声音，其声雄浑优美，适合表达自己的意志；琴瑟则更加平淡温和，不追求声音有多么响亮，不追求技巧有多么高超，适用于静养身心。悠扬的琴声能将人带入神奇美妙的意境当中去，使精神世界获得满足。

许多古人都赞美过琴，西汉刘向在《琴说》中写道："凡鼓琴，有七利，一曰明道德；二曰感鬼神；三曰美风俗；四曰妙心察；五曰制声调；六曰流文雅；七曰善传授。"

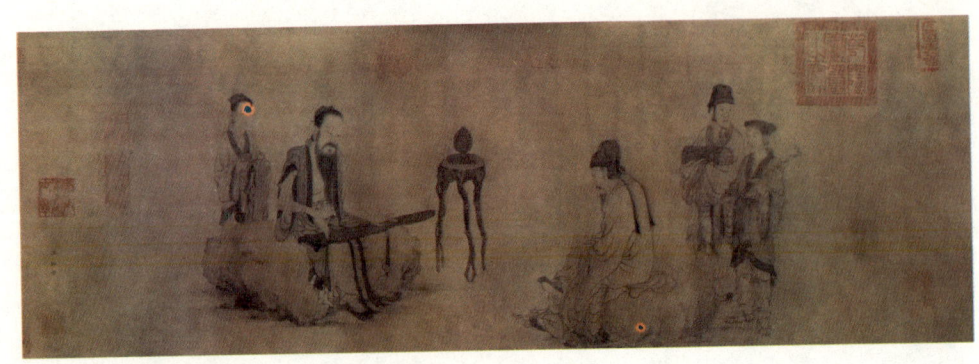

▲ 士人弹琴

桓谭在《新论》中说："八音之中，惟弦为最，而琴为之首。"宋代朱长文说："天地之和，其先于乐。乐之趣，莫过于琴。"（《琴史》）

古代士人中有许多善弹琴的高手，他们以琴交友、以琴传情、以琴砺志，充分展示了音乐的魅力。相传春秋时俞伯牙善弹琴，钟子期则善于听琴，当俞伯牙弹奏表现高山的乐曲时，钟子期便赞美说："善哉，峨峨兮若泰山！"当伯牙弹奏表现流水的乐曲时，钟子期又赞扬道："善哉，洋洋兮若江河！"通过琴声，俞伯牙和钟子期结成知心好友。钟子期死后，俞伯牙无比悲伤，"破琴绝弦，终身不复鼓琴，以为世无足复为鼓琴者"。（《吕氏春秋·本味篇》）这就是流传久远的俞伯牙摔琴谢知音的故事。

西汉人司马相如长于词赋，善于弹琴。在临邛，他以优美的琴声赢得了才貌双全的卓文君的爱慕。二人私奔成都，卓文君不嫌相如"家徒四壁"，一贫如洗，借资开一小酒馆，沽酒当炉。（《吕氏春秋·本味篇》）东汉人马融，"性好音乐，善鼓琴吹笛，笛声一发，感得蜻蜓出吟，有如相和"。（《续助谈》卷四《殷芸小说》）东汉末年的蔡邕，博学多才，经史、书法、琴艺无所不通，尤善弹琴，曾创作著名琴曲《游春》《渌水》《幽居》《坐愁》《秋思》，合称"蔡氏五弄"。

还撰著《琴赋》等论述琴乐的文章。蔡邕深谙乐器制作之道。一次他在南方听到吴人烧饭时一块木材爆裂之声不同寻常,当即将其抢救出来,制作成琴,音质果然优美动听,因为琴尾部尚留饮火烧焦的痕迹,故称"焦尾琴"。蔡邕的女儿蔡琰也极富音乐才华,"博学而有才辩,又妙于音律"。(《后汉书·列女传》)

魏晋是音乐理论和音乐演奏全面兴盛的时期。在音乐理论上,嵇康提出了《声无哀乐论》,对传统的儒家音乐观提出了挑战。

在中国古代,儒家一向强调音乐的政教功能,认为音乐中寓含着人民对政治得失的感受之情。《礼记·乐记》说:"治世之音安以乐,其政和;乱世之音怨以怒,其政乖;亡国之音哀以思,其民困。声音之道,与政通矣。"儒家认为,统治者可以根据音乐中所反映的人民情绪来调节统治方法:"是故审声以知音,审音以知乐,审乐以知政,而治道备矣。"这种审乐知政的音乐观,后来被进一步夸大,认为圣人能够从音乐声中推测出吉凶祸福等信息。儒家的音乐观对音乐赋予了过多的政治伦理内容,不利于人们用音乐表达"自然之音",抒发真实感情。这种音乐观对人有很强的束缚作用。以嵇康为代表的士人则反对儒家的音乐观。

■ 士人与棋

围棋和琴一样,也是中国古代士人生活中一项重要的精神文化活动。琴是通过美妙动听的乐曲打动人心,使人获得精神上的享受;棋则是通过静默和沉思以调节情绪,并汲取生活智慧。

围棋也称"弈",相传尧舜时期便有围棋了。西晋张华所著《博物志》云:"尧造围棋以教子丹朱,或曰舜以子商均愚,故作围棋以教之。"此传说虽无可靠根据,但说明自古以来下围棋不仅是娱乐,还具有教育功能。孔子曾对学生说过:"饱食终日,无所用心,难矣哉!不有博弈乎?为之犹贤乎已。"(《论语·阳货》)孟子也曾以下棋作比喻教育学生。有个棋艺高超的棋手叫弈秋,他教两个学生下棋,其中一个专心致志;另一个虽然听讲,心里却想着窗外将有大雁飞过,如何用箭射下来。两人虽然都跟弈秋学习,但效果却天差地别。(《孟子·告子》)

围棋所表现的是军事方面的智力游戏,不仅具有刺激性和挑战性,还包含着极丰富的艺术性和创造性的因素。东汉人马融在《围棋赋》中说:"略观围棋,法于用兵,三尺之局,为战斗场。陈聚士卒,两敌相当,怯者无功,贪者先亡。"围棋以其巨大魅力深为古代文人士大夫所喜爱。

唐代,围棋活动更为普及。唐朝皇帝中有不少喜欢围棋的。唐玄宗时,特设棋待诏官职,官阶九品,与画待诏、书待诏同属翰林院。棋待诏虽然官品不高,但这一制度却确立了围棋在中国古代文化史中的地位。

唐代著名的棋待诏有王积薪、顾师言、王叔文等人。王积薪棋艺高超。开元初,围棋高手冯汪号称天下无敌,在太原尉陈九言府邸"金谷园"摆下擂台,连续击败各路名将,王积薪也来应战,他与冯汪大战九局,最终取得胜利。王积薪把这九局棋都记录下来并加以评注,名为《金谷园九局谱》,这部棋谱在唐代棋界影响很大,宋代后亡佚。唐末诗人

▲ 士人对弈

韩偓在一首诗中写道："手风慵写八行书，眼暗休看九局棋。"可见这九盘棋棋势复杂。王积薪还著有《棋势图》《凤池图》《棋诀》等棋书。他精深的棋艺来自于平日的勤奋，每次出游总是带着围棋，一路上以棋会友，即使平民百姓与他对弈，他也不推辞。由于他手不离棋，勤于思考，棋艺不断提高，为唐时第一人。

宋代围棋更加普及。许多政治家、文学家、科学家都是围棋爱好者。欧阳修喜欢下围棋，晚年尤甚。他自号六一居士，其中就有一局棋，说明围棋是他生活中不可缺少的内容。他的《梦中作》曰：

夜凉吹笛千山月，路暗迷人百种花。

棋罢不知人换世，酒阑无奈客思家。

欧阳修最钟情的五件事是琴、棋、书、酒和金石遗文，这五样给他带来了艺术享受和精神愉悦，对此，他深有感触地说："吾之乐可胜道哉！方其得意于五物也，泰山在前而不见，疾雷破柱而不惊，虽响九奏于洞庭之野，阅大战于涿鹿之原，未足喻其乐且适也。"（《六一居士传》）

宋代著名的政治家和文学家王安石将下棋作为一种休息方式，以此调适自己的情绪，他在《棋》诗中写道：

莫将戏事扰真情，且可随缘道我赢。

战罢两奁收黑白，一枰何处有亏成。

在王安石看来，下棋最终的结果还是要将棋子放回原来的盒子中，因此，胜负并无得失，大可不必"扰真情"。透过王安石对围棋的看法，不难发现作者旷达通脱的人生态度。宋代著名诗人黄庭坚也是一个围棋迷，他有《弈棋两首呈任公渐》（其一），诗曰：

偶无公事负朝暄，三百枯棋共一樽。

坐隐不知岩穴乐，手谈胜与俗人言。

> 薄书堆积尘生案，车马淹留客在门。
>
> 战胜将骄疑必败，果然终取敌兵翻。

从此诗可见诗人着迷围棋到何等程度，公文上已积满了灰尘，车马在门外滞留已久，可是他全然不顾，定要在棋盘上拼个高低。在此诗其二，黄庭坚写道：

> 偶无公事客休时，席上谈兵校两棋。
>
> 心似蛛丝游碧落，身如蜩甲化枯枝。

这里表现了诗人下棋意志集中，已达到忘我境界，若不精通围棋，是不会有此体验的。

陆游也酷爱围棋，他写下了许多咏棋的优美诗句。如"畦地闲栽药，留僧静对棋"。（《用短》）"午枕为儿哦旧句，晚窗留客算残棋"。（《闲中书事》）"消日剧棋疏竹下，送春烂醉乱花中"。（《书怀》）"懒爱举杯成美睡，静嫌对弈动机心"。（《幽居》）透过这些诗句，可以看到下棋为陆游的生活增添了许多乐趣。

明清时期，由于商品经济的发展，城市日益繁荣，商人和市民阶层发展壮大，围棋也进入了市民文化，受到了他们的喜爱。而文人士大夫阶层擅长下围棋的人更是不可胜数。弈棋、观棋、评棋成为士人生活的重要内容，是表现他们才智的重要方式。

清代是中国围棋史上的鼎盛时期。此时，新老棋手交相竞逐，围棋高手不断涌现，继过百龄之后，黄龙士又成为一代新棋王。黄龙士，名虬，又名霞，字月天，江苏泰县人。自幼天资过人，16岁便成为国手。他可称天才棋手，曾与誉满棋坛的围棋高手盛大有鏖战七局，连战皆捷，震惊棋坛。后又战胜各路高手，威震棋坛，可惜英年早逝，是棋界的一大损失。

士人与青楼女子

要想考量中国古代士人的生活,还要从他们与青楼女子的交往说起。古代的青楼女子,就是指娼妓。青楼一词最初源于阀阅之家,曹植《美女篇》:"青楼临大路,高门结重关。"唐代以后,"青楼"逐渐广泛地用指妓女所居。元人夏庭芝的《青楼集》,便是为妓女立传的著作。

在中国古代社会,妓女包括官妓、营妓、私妓以及家妓等各种类型。有传说称,春秋时期的齐相管仲开设"女闾","女闾"就是中国历史上最早的官妓。闾,即门之意,在宫中设置门市,让女子居住在其中,这就成了官营娼妓行业的最早形式。汉武帝时期,开始设置营妓,所谓营妓,就是指军妓,"以侍军士之无妻室者"。(吴自牧《梦粱录》卷二十)唐宋以后,官营娼妓极为昌盛,到了元明两代依旧荣盛至极,一直到了清代才被革除。至于私妓,大多数认为在唐代之前就已经出现。唐人孙棨所著记载长安妓女的《北里志》中就有关于私妓的内容。如"王团儿"条记王"已为假母,有女儿数人",这些"女儿"中有的就是王团儿所调养的私妓。宋代,私妓有了进一步发展。周密《武林旧事》记南宋杭州熙春楼等18家酒楼皆有私妓招徕客人:"每处各有私名妓数十辈,皆时妆家庭袄服,巧笑争妍。夏月茉莉盈头,春满

▲ 古代结婚剧照

绮陌。凭槛招邀，谓之'卖客'。"

中国古代士人的狎妓之风之所以盛行，就是因为多种类型妓女的合法存在。士人和妓女之间的交往也往往被视为风流佳话传颂一时。古代士人不管是宴游集会，还是外出游玩，大都喜欢携带妓女随从助兴。例如东晋名士谢安就曾经携带妓女去东山游玩，后世的士人还常常对此事津津乐道，将之看作心旷神怡的一大乐事。如李白写道："谢公自有东山妓，金屏笑坐如花人。""我今携谢妓，长啸绝人群。"李白还有一首《江上吟》，诗曰："木兰之枻沙棠舟，玉箫金管坐两头。美酒樽中置千斛。载妓随波任去留。"

在古代诗词歌赋中，以妓女为题材的数不胜数。据统计，《全唐诗》共收诗49403首，其中有关妓女内容就占了2000余首。《全唐诗》还收录妓女作者21人，共136首诗。

应该指出的是，古代士人狎妓并非都是后来的那种以性交为主要内容的活动，而常常是一种富有感情色彩的交往。唐以前，娼妓亦写作"倡伎"，并非专指女性卖淫。《说文解字》释"倡"："倡，乐也，从人，昌声。"伎的本意是伴侣的意思，《广韵·纸韵》："伎，侣也。"故倡伎是指以出卖声色为主兼及卖身的人。古代妓女，尤其是官妓和一些高级妓女，不仅姿色出众，还多才多艺，有一定的文化修养，或能歌善舞，或长于辞令。如唐代长安的妓女："多能谈吐，颇有知书言语者。"（《北里志·序》）因此，古代大多数士人与妓女交往主要是观看她们唱歌跳舞，或与她们喝酒、聊天、调情、外出游览。比如，唐代参加科举考试中第者除了在慈恩寺塔上题名，参加欢宴庆典外，还可以到平康里一游，平康里即唐代长安妓女聚集之所。《开元天宝遗事》记载：长安有平康坊，妓女所居之地，京都侠少萃集于此，兼每年新进士，以红笺或笺名纸游谒其中，时人谓此为风流薮泽。

长安进士郑愚、刘参、郭宝衡、王冲、张道隐等十数辈，不拘礼节，旁若无人。每春时，选妖妓三五人，乘小犊车，指名园曲沼，藉草裸形，去其巾帽，叫笑喧呼，自谓之"颠隐"。

从古代士人与妓女的交往看，越是有较高文化修养而精神世界丰富的男性，他同女子交往中就愈少肉欲的成分，他会更看重友谊和感情的交流。清朱锡绶说："真好色者必不淫，真爱色者必不滥。"（《幽梦续影》）古代不少士人在与妓女交往中结下友谊，有的还由互相爱慕而结为终身之好。《太平御览》卷274记载了欧阳詹与太原妓生死不渝的故事。

欧阳詹于唐德宗贞元年间中进士，中举后，游太原，与一青楼女子相识，"情甚相得"，将离去时，与妓盟誓，表示待他回到京都，安排停当后，即迎娶她。欧阳詹回京师后，任国子监四门助教。这位女子"思之不已"，竟一病不起。病危中，她强撑起身体，剪下一绺头发放入匣中，对女伴说："吾且死矣，苟欧阳生使至，可以是为信。"又遗诗一首："自从别后减容光，半是思郎半恨郎，欲识旧时云髻样，为奴开取缕金箱。"不久，欧阳詹派人迎接这位女子，女伴将情况告诉了来人，来人携匣归京，"具白其事，（欧阳）詹启函阅之，观其诗，一恸而卒"。

宋代文坛上的"苏门四学士"即黄庭坚、秦观、晁补之、张耒，文词俱佳，也都酷爱声妓，浪迹青楼。如黄庭坚，是著名的"江西诗派"的开创者。他的词有格调高雅的佳作，也有一些描写妓女生活的香词艳语。李昌龄《乐善录》说："黄鲁直好作艳语，诗词一出，人争传之。"有一次，他路经衡阳，遇营妓陈湘，喜其善歌舞；知诗书，特赠《阮郎归》一首：

盈盈娇女似罗敷，湘江明月珠。

>   起来绾髻又重梳，弄妆似学书。
>
>   歌调态，舞功夫，湖南都不如。
>
>   它年未厌白髭须，同舟归五湖。

黄庭坚在词中表达了与陈湘结百年之好的意愿。后黄庭坚至宜州又寄《蓦山溪》一阙表达心意：

>   江上一帆秋，梦犹寻，歌梁舞地。
>
>   如今对酒，不似那回时，
>
>   漫书写，梦来空，只有相思是。

士人与青楼女子虽然萍水相逢，但有时也会撞激出爱情的火花。然而，士人若真想娶妓女为妻妾，也并非易事，家庭的责难和社会的非议使他们不敢贸然行事，只得将与妓女交往的风流韵事深深埋藏在心中，留下无穷的回味和深深的思念，这是古代诗词中相思的内容特别多的原因之一。

"苏门四学士"中的秦观就写下了不少羁愁别绪、伤感凄迷的相思词篇。秦观字太虚，后改字少游，号淮海居士，文名甚著。在人们心目中，秦观是一位风流多情的才子，在话本中有秦观与苏小妹的爱情故事，而《红楼梦》中写贾宝玉"神游太虚境"时，在秦可卿房中看到的则是"宋学士秦太虚写的一幅对联"。在秦观的词中，写相思最有名的是《鹊桥仙》：

>   纤云巧弄，飞星传恨，银汉迢迢暗度，
>
>   金风玉露一相逢，便胜却人间无数。
>
>   柔情似水，佳期如梦，忍顾鹊桥归路。
>
>   两情若是久长时，又岂在朝朝暮暮。

作者把人间的爱情搬到了天上，从星汉迢迢联系到爱情的天长地久，再想像牛郎织女七夕相会，难舍难分。最后又向生活在现实的人

们提出了一个严肃的问题：人生有限，人情易变，如何才能永保两情的缱绻和长久？对此，作者用反问的句式作了回答："两情若是久长时，又岂在朝朝暮暮？"两情的久长与否并不在朝暮相会。这首词热情地歌颂了专一、真挚的爱情，又暗中流露了自己与恋人不能相会的痛苦心情。

明清易代之际，政治斗争激烈，民族矛盾突出，社党名流十分活跃，他们讽议朝政、裁量人物、彪炳气节、震惊朝野。一些识忠奸、明大义的青楼女子乐于结纳清流名士，由钦慕名士风采，进而以身相许。

明末名士陈贞慧，字定生，江苏宜兴人。其父为东林党人，因触怒魏忠贤而被免官。陈贞慧正直刚烈，嫉恶如仇。崇祯六年（公元1633年），他到南京参加会试，结识秦淮名妓李贞丽，成为红尘知己。李贞丽虽为烟花女子，但颇有豪侠之气，她崇敬东林、复社人士，对陈贞慧亦早有耳闻，十分仰慕。二人相见后，倾诉衷肠，大有相见恨晚之感，经友人撮合，定下终身。

明清之际的著名文人钱谦益对秦淮名妓柳如是一往情深，结为伉俪后，二人共同探求学问，相得益彰。柳如是还代钱谦益接待甚至造访友人。一代名士钱谦益与名妓柳如是的结合，是因其思想、情趣、识见、抱负多有契合之处，且相互敬重、平等相待，这在古代是难能可贵的。

 拓展阅读

古代士人的饮茶风气

家庭日常生活中饮茶也为常事。

晋代诗人左思的《娇女诗》就记述其女儿急于喝茶，"心为茶荈剧"

便对着煮茶的锅鼎吹火。这时在市场上也可以买到茶。晋惠帝时太子司马遹指使属下贩卖茶、菜等物，大臣江流曾上疏予以劝谏。《南齐书·武帝记》载：南齐武帝萧赜临终前遗诏，说："我灵上慎勿以牲为祭，唯设饼、茶饮、干饭、酒脯而已。"可见江南饮茶风气之盛。这时北方还不习惯饮茶，他们喜欢酪浆，即经过加工的牛羊奶。《洛阳伽蓝记》卷三记载，南齐时，秘书丞王肃投奔北魏后，不习惯北方饮食，"不食羊肉及酪浆等物"，吃饭时常以鲫鱼羹为菜，渴了便喝"茗汁"，而且"一饮一斗"。洛阳士人很惊讶，称他为"漏卮"。

在北魏贾思勰所著《齐民要术》中，将茶列入"非中国物篇"，即不是北方所产。说茶以浮陵所产为最佳。"浮陵，可能是音同形似的涪陵，三国设涪陵郡，治所在今四川彭水县，其地与湖北、湖南接壤"。（见缪启愉《齐民要术校释》，农业出版社，1982年版）东晋初，一些南渡的士大夫尚不习惯饮茶，《世说新语·纰漏》还记载了晋室南渡之初，北方文士任瞻过江，在一次宴会上，主人请他喝茶，他问："这是茶还是茗？"在坐者一听这外行的提问，都感到诧异，任瞻看到大家的神情不对，连忙改口说："我刚才问的是，喝的是冷的还是热的。"由此可见不懂喝茶，在士人圈子里是会被人看不起的。

第二章
春秋战国士人

　　春秋战国是中国古代史上第一次出现在统一格局之后的"乱"世。周王朝自西周初年以来的严密统治开始被打破，士阶层的崛起和活跃，更是这一时期历史的重大变化和重要收获。可以毫不夸张地说，由于士人阶层的崛起与活跃，遂使这一时期的政治、思想和文化增加了更为丰富的内容，也因此使这一时期的历史从整体上增加了深度和魅力。

第一节　士人的出现背景

■ 士人崛起的历史因缘

若想知道中国古代士人究竟起源于何处？中国古史辨学派创始人顾颉刚先生曾断定"吾国古代之士，皆武士也"，意思是我国的士人都来源于武士。这不过是一个大体可信的事实轮廓，关于士人如何从"武"到"文"之间的转变，并没有充足的论争。

从春秋时期的金文中，经常能够看到"诸士""士庶子"等字眼，所谓"士"，一就是指担任官职的人；二就是指"士"由最先的普通官逐渐演变为官爵，这是"士"字语义在先秦时代的发展体现；三是有才能之人的通称。这三种语义在西周至战国之际的金文中也可找到实证。

与"士"字语义的演进相类似，"士"在西周至春秋末年的历史变迁中，其社会身份和社会地位也发生了巨大的变化。据《周礼·天官·冢宰》记载，当时在周王室中供职的士就有宫正、宫伯等几十种之多，而《周礼·地官·司徒》中记载的"士"在基层行政机构中的职务名称就更数不胜数了。除了上述两项以外，还有一部分"士"是担任卿大夫的邑宰与家臣，这也是"于史有征"的历史依据。

西周的统治者对待士人，从最初的教育培养到后来的选拔任用都是一步步慢慢形成制度化的，且都由王朝统治者全权包办，换句话说，作为教育培养机构的"辟雍""泮宫"都是周王朝政治机体中必不可少的有机构成部分，它所培养出的人才也是通过"论定，然后官之"，

▲ 古代玉剑

直接成为王室或诸侯国中方方面面的职事官吏的。由此可见，从周代初年到春秋中期，士人的培养和任用，从头至尾都是官办的。然而，进入春秋末年，士人培养和任用的官办局面开始被打破。很显然，产生这一变化的原因首先来自于政治。

由于周王朝自周平王宜臼元年（公元前770年）东迁以后即开始式微，而从鲁僖公九年（公元前651年）齐桓公大会诸侯于葵丘确立霸主地位起，到鲁哀公十六年（公元前473年）越国北上灭吴建立霸权终，这近二百年间诸侯的数番攘夺更使周王朝的统治渐趋于名存实亡了。这一旧有政治格局和统治秩序的崩析和瓦解给当时整个社会造成的影响是相当复杂的，而它带给士人的则首先是原有制度化的士人培养和任用方式的被迫中断，官学培养下的士人地位明显开始下降，官学的命运也差不多走到了尽头。

周王朝到了末期，王室的影响力已经很小了，以至于士人与宗法秩序及王朝政治逐渐出现脱节现象，这是春秋末年时期，士人获得新发展的重要转折时期，而士人自身所具备的文化知识及技艺涵养又是

士人崛起和兴盛的重要因素。倘若缺乏这一要素，面对时代的变化，士人所作出的很可能会是另外一种选择。很可能沦为永远只能为王室与贵族服务的资本或工具。在春秋战国时期，这样的历史际遇，却成了奏响士人生存新时代的序曲。如果省略若干过于冗长与琐碎的历史细节，从大的角度看问题，我们就很容易发现这一历史巨变对于士人的巨大意义。这不仅仅是促使当时的士人游离出旧有的等级秩序和从过去的氏族血缘桎梏中解脱出来，而更具决定意义的是：士人从身份的自由向思想和精神的自由发生转变。当时，他们有能力自由地选择居住地，自由地选择从事的职业，同时也有能力自由地建构自己的思想学说与宣传自己的思想学说。

总的来说，在春秋末年之前，士人所具有、所擅长的知识和修养不过是公式化了的，直到春秋末年之后，士人具备的知识和修养才真正回归自身。士人学会了用自己的思想和学说维持生存，也同时以此作为自己的精神创造与价值追求的安身立命之所，这是春秋末年士人生命历程中的一个重要转折点。

■ 新格局下的新需要

春秋末年士阶层的独立和崛起，其作为一个不容忽视的历史事件，不仅改变了往日士人自身的形象，同时也因此而产生了广泛的社会世俗影响，特别是一向被认为是四体不勤、五谷不分、不事生产的文士的地位变化和影响尤其引人注目，竟发生所谓"中章、胥己仕。而中牟之民弃田圃而随文学者邑之半"的巨大轰动效应。据《吕氏春秋·知度》载，这一事件发生于越襄子（公元前474—公元前425年）生活的时代。此后，中牟人宁越弃农从学，"十五岁而周威公事之"，以"鄙人"之身、布衣之士，终于靠做学问而成为王侯的老师。此类事件在当时的发生或许还不致于太过普遍，但它无论如何也是"信而有征"、极有说服力的例子。由这一事实来看，士人在脱离了原来的封建附属地位，由随贵族之后而成为四民之首以后，其独立性明显增强，自由度明显扩大，随之，社会影响力也日渐扩大起来。士人影响力的扩大，一方面来自于他们由社会地位独立而带来的能动作用的发挥，另一方面也与新的历史格局下新的社会和政治需要有关。这后者往往在很大程度上制约着前者，并决定着前者的运行、变化及发展方向。

应该说，自春秋五霸开始，列国间的争霸战争就已经奏响了诸侯争夺天下的序曲。随着战事的频繁和争夺的日渐深入，人才问题越来越成为霸主间争胜的关键，所谓"争天下者，必先争人""尚贤者，政之本也"的观念正是那个时代诸侯对人才渴求的反映。此时诸侯的日趋坐大标志着他们已由过去周王朝的政治派出机构渐渐演变成为一个个相对独立的政体组织，机构的复杂和严密使其对职事官僚的需求远超过从前，这一点成为士人渐受诸侯们青睐的一个重要原因。此外，因为士人既有知识技能，又有思想见解，其在诸侯的内政外交方面常常能够发挥他人所不能发挥的作用，这又使诸侯们不得不加倍重视士人，利用士人的特有才能，为诸侯安邦和争胜增加筹码。所以，时至战国初年，在各诸侯国中，礼贤下士普遍形成风气，布衣卿相也是屡见不鲜的事实，其中著名者如魏文侯之重用乐羊、吴起、李克、西门豹、翟角，并且"师卜子夏，友田子方，礼段干木"。如此等等，各国君主的招贤纳士，或直接委士人以政治重任，或养士以立楷模于国人，其尊士重士的方式虽不甚相同，但希望因此而收到政治利益、获得政治效果却不能不说是各国诸侯们的一致目的。

春秋战国时期的各国统治者为了各自的政治目的，需要士人的切实合作，希望士人也力所能及地配合这种要求，对此他们表现出相当一致的倾向性。而对不予合作的士人，有些执政者也不免提出严厉的批评和训诫，如鲁国的阳虎就曾批评孔子的"怀其宝而迷其邦""好从事而亟失时"为不仁、不知，以敦促孔子尽快出仕为官，为当局政治献策尽力。有的执政者对"不业"的士人竟赤裸裸地以杀戮相威胁，如赵威后问齐使云："于陵子仲尚存率民而出于无用者，何为至今不杀？"这位被孟子称之为齐国士人"巨擘"的陈仲子，因有高名而坚持不与统治当局合作，所以深为握生杀之权的统治当局所深深忌恨了。由此我们就不难看出这一时期的政治对士人的需求程度和统治者对士人的需求心理了。很显然，春秋战国时代的政治家对士人的需求和任用，已与周王朝在此之前给予士人的待遇大不相同了。再者，进入春秋末年以后，不仅各国诸侯在对待士人的态度和待遇方面与周王朝的工具性使用不同，而且士人对其自身的社会定位及存在价值的认定也与以前大不相同。这主要表现在，士人随着自身社会身份和地位的改变而开始自觉地将拥有的知识和技能独立化乃至本体化。也就是说，他们开始以自己的立场为立场，以自己的思想为思想，凭着自己的知识、学问和思想与当下政治清醒地保持着某种距离，并有意和政治家形成某种程度的制约和对峙。这就是颜斶之所以敢于同齐宣王争尊，子思之所以敢于对鲁缪公友而不师深表不满的原因之所在。后世史家常将此称之为道统的确立。

勿庸置疑，士人道统的确立是春秋战国时期发生的一件新事、大事，它的出现使此期士人具有了确定自身立场的能力，也因此成为此期士人处理自身与政治关系的一个新起点。对于这一点，各国诸侯也普遍有所认识，统治者的普遍尊贤重士就是一个很好的证明。政治家在新形势下比以往更需要士人的支持与合作，而士人却具有了比以往任何时候都更为自觉的自我立场。这样，在人与当下政治之间既有可能合作、又有可能保持独立的基础上，士人与政治才具有了形成真正意义上的关系的前提和可能。在这种情况下，士人可以恃道以拒势，有了足以安身立命的真正资本；而政治家在寻求士人的政治合作方面却增加了更大的难度。这就是春秋战国时代士人与政治关系发展中面临的新问题。

第二节　早期士人处世之道

中国的历史上，兼负"社会良心"与"知识载体"双重任务的一群人，被称之为"士"或"士人"。他们产生于西周末年国家机器大震荡之际，在礼崩乐坏的春秋战国时代，他们无不以道自任，大展风采。自然，他们所理解的道是很不相同的，不同的价值取向使他们的处世态度各呈异彩。这种辉煌虽然早熟，却几乎映照了民主革命前的整个中国历史。

■ 从国家机器中走出来

中国的"士"，本来是贵族中地位低下的一群，在国家机器中担任基层事务性的工作，靠俸禄为生的。

《孟子·万章下》中北宫锜向孟子问周室盛时分配爵禄的情况，孟子尽自己所知作了回答，其中难免有整饬化、理想化的成分，但它仍然是我们了解周代士人境遇的较原始而又最重要的史料。

从周至秦汉，下层小吏，其收入与农夫的收入是相当的，"禄足以代其耕"而已。明乎此，也就明白了周代士的经济地位和政治地位。"下士与庶人在官者同禄"，也就是说，下士虽为贵族阶级，但其经济地位已与"庶人在官者"也就是农夫没有多少差别了。"庶人在官者"最高的收入相当于上农夫，可养九人。下士也不过如此。中士倍之，可养十八人，上士又倍之，可养三十六人。他们所担任的官职，由其秩禄决定，下士当与"庶人在官者"相近，也就相当于秦汉的三老一级，中士、上士略高些，也不过相当于秦汉的县丞、县尉这一级，远达不到县令长一级。当然，周不是郡县制，我们用这种比照，不过是要说明周代士的政治地位罢了。

西周末年，这部国家机器便遭到巨大的震荡。事有凑巧，其间发生了古人视为灾祸的日蚀。此时有人借日蚀之事，写下抨击朝政、抒发愤懑的诗篇，这就是载于《诗经·小雅》的《十月之交》。

此诗的作者是谁，当然已不可考。他的身份，传说是"大夫"，这是极可能的。国家机器的震荡，往往来自于统治者的不自律，特别是高层统治者，周幽王的史实，本诗的控诉，又一次揭示这规律。另一方面，这种震荡又使得统治集团的有识之士（特别是该集团下层的有识之士）彷徨、痛苦、思索，终于清醒，于是呼喊、倾诉、抨击、揭讦，然后付诸行动，或为补苴罅漏而辛劳，知其不可为而为之；或弃朝廷如敝屣，遗职位似草芥，实行"胜利大逃亡"。此诗的作者，就其对统治集团腐败内幕的熟谙程度来看，就其敢斥责担任卿士的皇父"胡为我作，不即我谋"来看，应该是有大夫职位的人物。他的痛苦是极其深广的，他的抨击是极其猛烈的，他不仅对皇父冷嘲热讽，他甚至直呼周幽王的宠后为"艳妻"，应该说，这种决裂是深刻的。国家机器的震荡给这些有识之士带来强烈的震撼之后，又促使他们萌发自觉意识，这恐怕是醉生梦死的腐败集团始料未及的。

■ 逐渐走向民间

周幽王时代，士（以及大夫）脱离国家机器而出逃的局面是相当严重的，同是毛诗小序称之为"大夫刺幽王"的《四月》诗结尾两章说（译文附右）：

匪鹑匪鸢，（尽管非雕也非鸢）

翰飞戾天。（仍要振翅摩青天）

匪鳣匪鲔，（那怕非鳣也非鲔）

潜逃于渊。（还得潜水逃深渊）

山有蕨薇，（蕨菜、薇菜山上有）

隰有杞桋。（枸杞、赤楝洼地长）

君子作歌，（君子写了这支歌）

维以告哀！（要把哀痛唱一唱）

此诗写得非常沉痛，即使不是哀鸟，也要上天，即使不是游鱼，也要入渊，极言出逃之心坚决。今人有理解为"不是飞鸟故不能上天，不是游鱼故不能入渊"的，恐不恰当。郑笺说："非雕鸢能高飞，非鲤鲔能处渊，皆惊骇辟（避）害尔。喻民性安土重迁，今而逃走，亦畏乱政故。"此说还略近一些。但是，作为士大夫，能逃到什么地方呢？习惯性的思维使得浮上他们脑海中的是商纣王时代采薇的伯夷和叔齐。末章提到的蕨菜、薇菜、枸杞，都是可食之物，赤楝之下，则似可栖息。逃隐之意，十分清楚。郑笺说："此言草木尚各得其所，人反不得其所，伤之也。"似不解此层意思。

自周幽王以后至战国之际，逃隐者不乏其人。

著名的哲学家老子，据《史记》本传所载，原为周守藏室之史，"居周久之，见周之衰，乃遂去"。为关令尹喜所强，留下五千馀字的著作而去，"莫知其所终"，为"隐君子"。《庄子·养生主》言："老聃死，秦佚吊之。则尚有人知其行止。"

《论语》中记载了不少与孔子同时代的隐者。如"晨门者""荷蒉者"（均见《宪问篇》）、"长沮、桀溺""荷蓧丈人"（均见《微子篇》）。这些人是否原来是周王或诸侯之士，当然不得而知。但从他们的谈吐来看，都是有文化素养的人。值得注意的是：他们不是隐居深山林内不食人间烟火的伯夷叔齐型的人物了，而多数是从事体力劳动（特别是农业劳动）并以此为生的人。"晨门者"是管城门开关的小吏；"荷蒉者"是挑土的（蒉是草筐，用来装土块的）；"长沮、桀溺"是种田的；其时正"耦而耕"（长沮、桀溺当然不可能是他们的名字，金履祥《论语系注考证》说："其一人长而沮洳，一人桀然高大而涂足，因以名之也。"可备一说）；"荷蓧丈人"是耘田的；"晨门者"可以说是开创了隐于朝市的先河，其他人则是隐于劳作农耕了。在他们以体力谋食之路的时候，其身体所受的磨炼，观念转变所受的痛苦，是可想而知的。但这条路走到底，也就安之若素，如鱼得水，乐在其中了。这是真正意义的"走向民间"。

　　从依附中摆脱出来，达到自觉、自主、自立，是一条极其艰辛的路，然而舍此无从获得新生（一个阶层的新生、一种学风的新生）。这里，生活上的自立是最基本的（虽然不是最重要的）一环。伯夷、叔齐作为中国历史上最早的和平的"反体制"人物，只能依靠采薇为生，而终至饿死首阳山，除了显示其人格力量博得千载的赞誉之外，并不能带来新的阶层或新的学风。其原因自然有多种，但生活上无自立之方不能不说是致命的一条。西周末年至战国之际诸多逃隐者所选择的道路就不同了，他们第一步要解决的问题是活下去，而活下去最简单的方法就是靠体力去耕作，于是出现了"长沮桀溺"之类的隐者。生活中有许多道理

▲ 古代隐居士人

是极简单的，而明白这简单的道理并付诸实行所带来的变化有时却是难以想象的巨大。尽管孔子不以这些人的生活态度为然，但正是这些人催化产生了新的士的阶层，催化产生了新一代的学风。他们由于生活上的自立，方能保持思想上的自觉、处世上的自立、人格上的自立。他们对孔子的批评，反映了他们与国政决裂之深刻。

另外，部分儒者赖以生存的办法，不见得比隐者光彩。这些儒者，春夏沿街乞食，秋冬为人治丧。因为背弃劳作的本业，所以为墨子所讥讽。

《孟子·离娄下》写了有一妻一妾的齐人"卒之东郭墦间，之祭者，乞其馀；不足，又顾而之他。此其为餍足之道也"。《荀子·非十二子》说："偷儒惮事，无廉耻而耆饮食，必曰君子固不用力，是子游氏之贱儒也。"孟、荀都是儒家，他们也说有这样一批好吃懒做，不以为耻、反以为荣的人物，可见《墨子》所说不全为攻击之论。

《庄子》甚至说有靠偷挖古坟为生的儒者，是调侃之辞，还是实有其事，不得而知。但儒者用《诗》来为发冢服务，也堪发人一噱。《外物篇》文云："儒以诗礼发冢。"大儒胪传（上传语告下）曰："东方作（今语谓动词，即出现鱼肚白）矣，事之若何？"小儒曰："未解裙襦，口中有珠。"

儒者以经商而致富的，便是子贡了。《史记·仲尼子弟列传》说："子贡好废举（屯积），与时转货赀……常相鲁卫，家累千金。"像子贡这样又能经商又能做官的儒者，历史上是不多见的。秦汉以后由于轻商思想占了统治地位，士人大多耻言经商。这使得他们丧失了一条经济上自立的路，也限制了他们的眼界。

墨者大多是依靠手工业技术为生的。随着西周统治的衰微，原来控制在贵族手里的手工业也就逐渐解放出来，独立手工业者的队伍迅速扩大，以适应人们对手工业产品需求的增长。在这个背景之下，墨者的生活之资比较有保证，自立性也比较易于维持。墨子本人就是能工巧匠。据《墨子·公输》记载，墨子善于制造守城的器械，而公输般善于制造攻城的器械，二人作守与攻的演示，公输般拿出九种攻城器械，墨子拿出九种守城器械相对抗，结果是墨子赢了。《淮南子·齐俗》还说："鲁般、墨子以木为鸢而飞之，三日不集（落于树上）。"但是，从社会地位来说，墨子被看作"贱人"。墨子并不否定自己地位低微，而只是强调"贱人"同样可以为治理天下作出贡献。

■ 形形色色的处世之道

先秦的各个学术流派，无不关注于政治问题，只是表现形态千差万别而已。而在先秦，政治问题和社会问题合而为一，因此各个流派，无不涉及于处世之道。约略言之，有如下数种：

1. 道家贵柔

道家从其深厚的历史沧桑感出发，贵柔、贵下，以为柔方能克刚，下才可致上。这是可贵的逆向思维的思想火光。《老子》书中，常见这类智慧的语句：

人之生也柔弱，其死也坚强。万物草木之生也柔脆，其死也枯槁。故坚强者死之徒，柔弱者生之徒。（76章）

天下莫柔弱于水，而攻坚强者莫之能胜，其无以易之。弱之胜强，柔之胜刚，天下莫不知，莫能行。（78章）

天下之至柔，驰骋天下之至坚。无有入无间。（43章）

从柔弱是生命之基，坚强是死亡之微，从攻坚者莫若水等逐步抽象出来，达到了"无有入无间"（无有之物可穿透无隙之坚）这样的认识，确实是精彩的。又：故贵以贱为本，高以下为基。（39章）

大国者下流，天下之定，天下之牝。牝常以静胜牡，以静为下。故大国的下小国，则取小国。小国以下大国，则取大国。故或下以取，或下而取。（61章）

江海所以能为百谷王者，以其善下之，故能为百谷王。是以欲上民（居人民之上），必以言下之；欲先民（居人民之先），必以身后之。是以圣人处上而民不重（不以为负重），处前而民不害（不以为妨碍）。是以天下乐摧而不厌。（66章）

既然高以下为基，所以国与国之间，能自下者胜；君与民之间，君能自下则胜，君不能自下则败。这是说的君王南面之术，然而于处世也不无启发。贵柔用于军事，则有"哀兵必胜"的思想：故抗兵相加，哀者胜矣。（69章）

这个思想，皆然也可用于政治、用于处世。老子本人如何处世，史料有阙，我们已不得而知了。但能发抒如此深邃的思想的人，可能是活得相当从容的，当然，这也不妨碍他心底埋藏着巨大的忧愤。后人认为老子这样的人，应该是"适来，夫子时也；适去，夫子顺也。安时而处顺，哀乐不能入也"，鲁迅先生的小说《出关》，就多处写老子"好像一段呆木头"。但是，深沉的睿智一定是用火热的情感熬成的，所以老子必有其感人之处，以致许多人为他的死而落泪，这也是事有必至的。老子，是一个有血有肉的人。诚然，近代、现代的中国，经过极其激烈的社会变更，又蒙受"文革"的扫荡，然后又急剧地转入竞争的商业时代，"中庸"早已被看成一件破衬衣，久已被扔到垃圾箱中了。但是，如果我们能磨去这一思想外表上的泥垢，也许能发现它的合理内核，有助于医治中国人好走极端的毛病。

2. 儒家中庸

自然，在儒家看来，中庸首先是一种治政之道，《礼记·中庸》论：

"舜其大知（读智）也与！舜好问而好察迩言，隐恶而扬善，执其两端，用其中于民，其所以为舜乎！"舜好作调查研究，好考察鄙俗之言，对这类言论能隐其恶而扬其善，执其两端而作折衷，取其中的用之于治民，不走极端。不消沉，对于治理国家来说，自然是以折中为稳健，走极端是伴随着巨大危险的。

中庸，也是儒家的处世之道。

《礼记·中庸》又说：子曰："回（颜回）之为人也，择乎中庸，得一善，则拳拳服膺而弗失之矣。"颜回是孔子最得意的弟子了，孔子赞扬他得到了中庸。可见，要得到中庸之道也是不容易的。我们今天以为中庸便是凡事取中间，庸庸碌碌过日子，恐怕是庸俗化的理解了。颜回并不是这样一个俗人。在儒家看来，获得中庸之道是必须有殉道精神的，《中庸》甚至说只有圣者才能做得到。

子曰："素（当作索）隐行怪，后世有述焉，吾弗为之矣。君子遵道而行，半途而废，吾弗能已矣。君子依乎中庸，遁世不见知而不悔，唯圣者能之。"不深求隐僻之理，不故作诡异之行的眩人耳目而载入史册，而只是一味遵正道而前行，绝不半途而废，甚至到了遁离俗世不被理解也仍不后悔的境地，这自然只有圣人才能做得到。这就是"依乎中庸"。

那么，一般的百姓所谓"匹夫愚妇"是否就不能得此"君子之道"了呢？也不尽然。这个道是极其广博的，所以"匹夫愚妇"也可知其一端；但它又是极其深微的，所以圣人也有不能理解的地方。

3. 墨子兼爱

墨子主张兼爱，热心救世，人所共知。儒家讲仁，"仁者，爱人"。但他们是有亲疏厚薄的差等的。墨家讲兼爱，却是没有差等的。墨者夷子就说过"爱无差等"（见《孟子·滕文公上》）。而且，墨子是把兼爱作为治理天下的根本办法的，和儒家把"仁"首先作为修养来对待也大不相同。

《墨子·公输》中对墨子的非攻兼爱、急公好义的苦行精神有非常具体的描述，这是人所共知的。但楚王放弃攻宋以后，文章还有几句话，颇能道出墨子的特点，却常为选本所删。这几句话是：

子墨子归，过宋，无雨，庇其闾中，守闾者不内（同纳）也。故曰：治于神者；众人不知其功。争于明者，众人知之。

墨子用平民身份完成了劝止楚王攻宋的艰巨工作之后回来，跨过宋国遇雨，想到里门中避雨，竟被守里门的人拒绝。他们不知道墨子给他们带来大福音。所以墨子感叹说："在明显之处给争的，众人都知道；在神妙之处弥争的，众人却不知道。"《群书治要》引《尸子·贵言》有"圣人治于神，愚人争于明也"之语。墨子作出巨大的牺牲，成就了救人救世的佛业，不为人所知而仍旧孜孜苦行，没有宗教家的极其博大的爱心是做不到的。墨子的"明鬼"，我们似乎也可以从这个角度来理解。至于"尚俭"，不用论，本来就有宗教的色彩。

墨派是有严密组织的。所谓巨子，大概就是各个支部的负责人。其著名者，首推禽滑釐，次为宋钘。宋钘以为"人之情寡欲"（见《荀子·正论》），也是带有宗教苦行色彩的说法。

4. 屈原孤忠

春秋战国时期，从孔子到李斯，游士们都没有把故土视为祖国的观念，而

▲ 屈原

把整个中华大地上所有的诸侯国都看作可以服务的对象。也就是说，尽管中华大地政治上分裂为许多国家，但游士们所指的是大一统的中华文化观，所以不以出仕他国为意，也不在乎依托他国兵力讨伐故国。在这个背景下，我们来看屈原，就觉得颇为奇特了。

屈原忠于楚国，不愿游于他国，宁愿自沉汨罗。说者以为其原因是他为"楚之同姓"，即是同一血统。但与卫同姓的商鞅不是自愿服务于秦吗？个中原因，恐怕与楚文化与中原各国文化相比有较大的独立性有关，也与屈原个人的秉性有关。

屈原的故土是一种什么境况呢？是昏君、嬖后、谗臣专政，是"生民浑噩播迁"。没有人理解他，更没有人帮助他。于是"没为《渔父》之辞，以抒其孤忠之感"。《渔父》文章不长，却清楚地显示了处乱世的两种不同态度。

屈原是"宁为玉碎，不为瓦全"，渔父是"内方外圆，与物推移"，各有其境界。屈原不是不明白用渔父的处世态度可以活得轻松些。但是，由于他深处于矛盾的一端，恨浊世之强烈，所以只能选择葬身鱼腹以保其清白之路，大概也借此以警省世人。

第三节 战国时期士的类分与结构变化

■ 战国时期士的类分与知识层

从战国时期的有关文献中可以看到,以"士"作为中心组成的称谓与专用名词有很多,据粗略统计都高达上百种之多。如此多的称谓,不仅表明了士阶层的复杂情况,也足以表明士人的行迹遍及社会的方方面面。为了区分不同的士,当时的人便开始对士进行分类。《墨子·杂守》把士分为"谋士""勇士""巧士""伎士"。《商君书·算地》把士分为"谈说之士""处士""勇士""技艺之士""商贾之士"。《庄子·徐无鬼》把士分为"知士""辩士""察士""招进之士""中民之士""筋力之士""勇敢之士""兵革之士""枯槁之士""法律之士""礼教之士""仁义之士"等。

根据士的特点、社会地位等,士大体可分成以下七大类:

1. 武士

西周、春秋时期,士的组成已很复杂,其主要部分是武士。到了战国,仍然如此。武士是相对于文士而讲的,其中又分几种类别。

第一类是国家的武装力量,泛称为"士""士卒""武士""兵士""士兵""军士""农战之士""三军之士""列阵之士"等。由于技能、职掌、兵种以及国别等不同,又有各式各样的称谓:"选士""练士""锐士""精士""良士",他们是按一定标准和要求挑选和训练的兵士。《荀子·议兵》中记述了魏选士的条件:"魏氏之武卒,以度取之,衣三属之甲,操十二石之弩,负服矢五十个,置戈其上,冠轴带剑,赢三日之粮,日中而趋百里。"

▲ 古代武士

第二类是侠士。典籍中称之为"侠""节侠士""游侠"。这些人的特点是见义勇为,为知己者死。在先秦法家看来,侠客的行为与国家法禁多相抵触,"侠以武犯禁"。《史记·游侠列传》云:"自秦以前,匹夫之侠,湮灭不见,余甚恨之。"其实,散记于史籍的仍不少,如田光、荆轲、高渐离、聂政等等都属于侠士。另外"烈士"有时也指侠士。《韩非子·诡使》说:"好名义,不求仕进者,世谓烈士。"《庄子·至乐》说:"烈士为天下见善矣,未足以活身。"这些烈士即侠士。有时"勇士"也指侠士,《战国策·韩策二》说:"聂政,勇敢士也。"聂政是典型的侠士。

第三类是"力士",指力气大而勇悍之士。《韩非子·外储说右下》记载如下故事:有一位叫少室周者,因力气大而为赵襄主的"骖乘"(即御车人)。一次少室周与一个叫徐子的人"角力",结果自己败了,于是请求赵简主启用徐子以代替自己。另一说,是少室周与力士牛子耕角力,不胜,而请求以牛子耕代己。战国时期的大力士多半被权贵聘为近身随从和卫士,甚至为高官。秦武王时期,"力士任鄙、乌获、孟说皆至大官"。

2. 文士

《韩诗外传》七说:"君子避三端:避文士之笔端,避武士之锋端,避辩士之舌端。"这里把操笔杆的称为文士,其实文化人,包括辩士,皆可称为文士。苏秦说的"文士并餝",便是指的各式大增。有关文士的特点与文士的不同类型,墨子曾做过划分,他说贤良之士"厚乎德行,辩乎言谈,博乎道术"。德行、言谈、道术应该说是对文士的类分。战国史籍中有关文士的各种称谓不下三四十种,大体可归入如下几类:

第一类可称之为道德型。这一类的士把道德修养作为奋斗目标。因此当时有不少人从道德品质意义上给士下定义或概括士的特点和本质。如孔子说:"士志于道。"《吕氏春秋·正名》记载尹文与齐王的对话:"尹文曰:'今有人于此,事亲则孝,事君则忠,交友则信,居乡则悌。有此四行者,可谓士乎!'齐王曰:'此真所谓士已。'"对道德之士的称呼计有"通士""公士""直士""悫士""志士""善士""信士""廉士""劲士""正士"。

其中的"廉士"重名节、不苟取之士。《庄子·刻意》:"众人重利,廉士重名。"匡章称陈仲子为"廉士",赵歧《孟子注》:"陈仲子,齐一介之士,穷不苟求者。"孟子从另一标准出发则认为陈仲子算不上廉士。《荀子·儒效》说:"行法至坚,不以私欲乱所闻,如是,则可谓劲士矣。"《管子·桓公问》说:"人有非上之所过,谓之正士。"

第二类可谓之为智能型。这些人重在知识和学以致用,他们不是完全不讲道德,但不以此为主。有的为了达到某种目的置道德于不顾。这一类的士有这么几种称谓"文学之士""文学""学士""法士""辩士""游士""游宦之士""察士""巧士""博士"。

其中的"辩士"又称"弘辩之士""辩说之士""辩知之士"等。这些人以口才好、善辩为其特点。他们口若悬河，爱辩论、多计谋。《管子·禁藏》所说："阴内辩士，使图其计。"《战国策》记录了这些人的活动。表示智能之士的称谓，还有"智士""贤能之士""策士""有能之士""任举之士""倾危之士"等。

第三类是隐士。这类士因种种原因不为官。不出仕并不是评论时政得失的言论，甚至提出系统的理论，成为一家之言。有些隐士在社会上具有很高的声望，君主贵人派使臣再三延聘，拒不受命。也有些隐士是一时的，隐居只不过是静观待机之术。与"隐士"相同或相近的，还有如下称呼"居士""处士""山谷之士""江海之士""岩穴之士""贵生之士""高士""闲居之士"等等，均属隐士之列。这些人并非绝对远离尘世，不问世态炎凉，其中有些人还颇为关心社会、时政，不断发出"高论怨诽"，或心中蕴藏着老谋深算，等待当权者的造访。

3. 吏士

有些低级官吏称之为"士"。具体有以下几种情况：

一种是司法官的属吏称"士"。《孟子·告子下》："管夷吾举于士。"赵注："士，狱官。"《梁惠王下》载："士师不能治士，则如之何？""士师"为高级司法官，"士"则为较低级的属官。《周礼》有"士师"，其下有"乡士""遂士"等，孟子所说的"不能治士"之士可能指的是"乡士""遂士"。

第二种是指基层临民的官吏。这种士有其治所，如《非攻下》有"士"。《墨子·天志中》载："庶人竭力从事，未得次（恣）己而为政，有士政之""不暇治其官府"云云。《管子·八观》把"里尉"称之为"士"。《睡虎地秦墓竹简》中有"士吏"，也属于较低级的官吏。

第三种泛指各种属吏。《礼记·祭法》："庶士，庶人无庙。"注：

"庶士，府吏之属。"

4. 技艺之士

所谓技艺之士，就是指拥有一技之长或专门技能的人，也就是指手工业者。《商君书·算地》说："技艺之士，资在于手。"《韩非子·显学》说："今商官、技艺之士，亦不垦而食。""商官"指商人用钱买官爵者，如《五蠹》所说："官爵可买则商工不卑也矣。"

5. 商贾之士

所谓商贾之士，就是指经营工商业的人。例如管仲、鲍叔牙早些年间就曾以经商为生。春秋末期的范蠡更是士人经商致富的典型人物。孔子的弟子子贡不但是士人，更是一名成功的大商人。战国时期的白圭同样是著名的士兼商人。到了战国时期，又有了"商贾之士"的说法，《商君书·算地》说："商贾之士，资在于身。"

6. 方术之士

所谓方术之士，就是指卜、巫、相面、看风水以及求仙药之类的士人。例如"梁有唐举，相人之形状颜色，而知其吉凶、妖祥"。战国时期这一类型的士国，"庄王见而问焉"。秦始皇统一全国之后，"悉召文学方术士甚众，欲以兴太平。方士欲练以求奇药"。

7. 其他

还有一些难以归类的称呼，如：

"勇士"。又称"勇敢士""勇力之士""磏勇之士"等。这些人以勇敢有力为特点："勇士，资在于气。"勇士有时指士卒，有时指刺客、侠士，有的则为私人的打手。在法家看来，勇士与国家的法禁是对立的，主张禁绝。

"烈士"。尚志而又贤贞勇敢之士。《韩非子·诡使》说："好名义，不求仕进者，世谓之烈士。"《忠孝》说："世之所谓烈士者，虽众独行，取异于人，为恬淡之学而理恍惚之言。"《庄子·至乐》："烈士为天下见善，未足以活身。"《秋水》又说："白刃交于前，视死若生者，烈士之勇也。"

"豪士"。又称"豪杰之士""豪杰"。豪放任侠，才能出众之士。其中既有武士，又有文士，或文武兼备。《韩非子·说林下》载："夫越破吴，豪士死，锐卒尽。"这里的豪士为武士。《商君书·农战》载："是故豪杰皆可变业，务学诗、书。"这些豪杰以文为主。《战国策·赵策三》："赵国豪杰之士，多在君（平原君）之右。"其中文武均有。还有些豪杰以貌视权贵为其特点，《韩非子·诡使》说："贱爵禄，不挠上者，谓之杰。"有的人非常重视豪杰之士的作用，《孟子·尽心上》说："豪杰之士，虽无文王犹兴。"

"厮养士"。砍柴养马从事杂务之士，这种士的社会地位是很低下的。

"车士"。以力挽车之人。《战国策·燕策二》："车士之引车也，三人不能行，索二人，五人而车因行矣。"

"都士"。居住在国都之士。《战国策·中山策》："中山君飨都士。"

通过以上的类分，可知"士"成分之复杂和社会分布面之广，"士"是社会中最活跃的一个阶层。

由于总的来说，士的成分非常繁杂，因此，不可以把"士"与"文人""知识分子"等同起来，士人中只有其中一部分属于"文人"或"知识分子"，上面讲到的"文士""方术士"两大类型也应归属于知识分子阶层。因为他们主要依靠精神产品、智力与社会进行交换。对于其他类型的士人则应根据具体情况进行具体分析。笼统地把"士"都当作"知识分子"是不对的。但是，"士"的核心部分的确是"文士""方术士"。正是在这个意义上，"士"才能称之为"知识分子"。

■ 知识官僚与社会结构的活化

春秋战国时期，身负才华的士人多半选择入仕为官，但是，士人在做官前和做官后的日常经济情况可谓十分悬殊。这时候，士人在决定入仕做官的途中也会适当地经营一些产业，然而，当他们入仕成功后，基本上都能获得比较可观的收入。这时候的知识官僚与社会结构变得更加活跃，已经与原始社会有着根本的区别。

1. 入仕之路

士子求学主要目的是为了入仕，即"学而优则仕"。《墨子·尚贤上》说："士者所以为辅相承嗣也。"孟子说："士之失位也，犹诸侯之失国家也。""士之仕也，犹农夫之耕也。"所以士中的多数是"仰禄"而生。士人入仕虽然未必都是为了谋生，但确实是谋生的基本手段，正如孟子所说："仕非为贫也，而有时乎为贫。"战国时期官僚制的推行，也为士人入仕开辟了道路。士人为入仕展开了激烈的竞争。

入仕之路有这么几种："选举""立功仕进""对策或献策""推荐""招聘""由舍人而入仕""行贿入仕"等，其中推荐入仕是当时最流行的方式。据说魏文侯的名臣吴起、西门豹、乐羊等士由翟璜推荐，卜子夏、田子方、段干木等则由魏成子推荐。著名的军事家孙膑是通过田忌的推荐而被齐威王拜为军师。淳于髡在齐，"一日而见七人（士）于宣王"。

2. 士人日常的经济状况

士人入仕前的生活状况与入仕之后，特别是充任高级官吏之后，有着天壤之别。入仕前虽然也有一部分士人相当富足，但多数是清贫的。士人分布在社会各个角落，因此他们没有统一的或大体相近的经济生活条件。相反，他们的经济生活条件悬殊甚大。这里只论述士人入仕之前的情况。

非富贵士人入仕之前，一共有这么几种类型："自耕之士""无田无业之士""工商之士""官府杂吏之士""贫士"等。其中的"贫士"是春秋战国时期最多的士人类型。据说当时社会上有一批士人相当贫困，说不清他们以什么为业，典籍中泛称之为"贫士""穷士"。《荀子·大略》说："子夏贫，衣若悬鹑。"《史记·范雎列传》载："范雎者，魏人也，字叔。游说诸侯，欲事魏王，家贫无以自资，得乃事魏中大夫须贾。"《战国策·秦策三》载范雎语："臣东鄙之贱人也。"庄子是著名的穷士，身着带补丁的粗布衣服。冯谖对孟尝君说：闻君好士，以贫身归于君。"惠施也是"穷人"出身，说客汗明对春申君说："今仆之不肖，陋于州部，堀穴穷巷，沈洿鄙俗之日久矣……"虞卿也是一介穷士，"蹑蹻担簦"，游说诸侯。苏秦对自己的家境穷困的窘状做过绘声绘色的描述："家贫亲老，无罢车驽马，桑轮蓬箧羸脯，负书担橐，触尘埃，蒙霜露，越漳、河，足重茧，日百而舍。"张仪到了"贫无行"的地步。陈仲子穷困到"为人灌园"。

3. 升官致富——一条重要的产业之路

关于求富之路，太史公曾引过如下一句谚语做了比较："用贫求富，农不如工，工不如商，刺绣文不如倚市门。"其实还应加上如下一句话："倚市门不如走仕途。"如下几段材料很能说明问题。

其一：吕不韦问他父亲："耕田之利几倍？"曰："十倍。"又问："珠玉之赢几倍？"曰："百倍。"又问："立主定国之赢几倍？"曰："无数。"吕不韦由此得出结论："今力田疾作，不足暖衣余食；今建国立君，泽可以遗世。"魏公子牟对穰侯说："君知夫官不与势期而势自至乎？势不与富期而富自至乎？富不与贵期而贵自至乎？"苏秦说："夫权藉者，万物之率也。"第一条材料说明，从政治中得到的利益是不能用经济方式计算的。第二条材料说明，有了权，财富便不期而至。

▲ 先秦钱币

第三条材料说明，权是统帅，有权自然就会有财富。这都说明一个共同的问题，即仕途是获得资财的最主要途径。

其二：战国时期有许多士人因入仕而成为巨富，有的还成为封君，富贵程度达到人臣之极。贫困只能穿草鞋的穷士虞卿游说而得赵王欢心，平步青云，拜为上卿，封万户侯。出身低微的姚贾在秦出谋有功，"秦王大悦，贾封万户，以为上卿"。苏秦曾穷困潦倒到"嬴滕履蹻，负书担橐，形容枯槁，面目犁黑"，父母兄嫂不理睬。待到游说成功，衣锦还乡，父母张乐设饮，远迎三十里。嫂子匍伏在地，跪而不起。苏秦问其嫂曰："嫂何前倨而后卑也？"嫂曰："以季子位尊而金多也。"苏秦感叹道："贫穷则父母不子，富贵则亲戚畏惧。人生世上，势位富贵，何可忽乎哉！"入仕，官运亨通，穷困的士子一夜之间就可成为巨富。所以，入仕而求产业，便成为众多士子竞相追逐的道路。

当时还有一批名士，多半是思想家，以其著述和特殊的见解与行为闻名于世。这些人有的步入仕途，靠俸禄为生，另当别论；有的未入仕，但与统治者有千丝万缕的联系。君主和权贵的馈赠成为他们重要的经济来源。

■ 社会关系的活化

中国古代社会的等级有两个显著特点，一是多元性，二是成员的流动性。这两个特点发端于战国。

所谓多元，指等级体系不只一个，而是两个以上。战国的等级制度于史有阙。不过从一些片断的记载看，爵制仍普遍实行于各国。秦有"官爵"和"军爵"。官爵情况不清楚，待考；军爵即人所共知的二十等爵。由于全民皆兵，爵又普及于民，如长平之战增兵时，秦"赐民爵一级"。当然，社会上也还有一部分人未进入爵制，这些人不是更自由，而是更卑下、低贱，更不自由。从一些零星材料看，等级也是相当复杂的。比如卿，又分"上卿"和"亚卿"。大夫区分更多，据《荀子》《吕氏春秋》《韩非子》《战国策》《管子》《孙膑兵法》等书记载，有"上大夫""中大夫""下大夫""长大夫""国大夫""公大夫""五大夫""属大夫""州大夫""都大夫""五校大夫""偏卒大夫""五属大夫""列大夫""散大夫"等，这些"大夫"之称，有的指爵，有的指职，可见其繁杂。有关山东各国的爵制材料更为零散，但可以肯定，各国都有系统的爵制度。例如楚国一位廷理（掌司法的官）立功，楚王"乃益爵二级"。《墨子·号令》谈到战争期间，某国令、丞、尉的下属有十人逃亡，"令、丞、尉夺爵各二级"。韩上党守冯亭降赵，赵除重赏冯亭外，"诸吏皆益爵三级，民能相集者，赐家六金"。《史记·赵世家》记载略有不同，其文为"吏民皆益爵三级"。《战国策》所言"益爵"仅限于"诸吏"，《赵世家》则包括民。从史源上看，《赵世家》抄于《战国策》。但是，并不能因此而否定爵制未曾实行于黎民。《墨子·号令》谈到，男子守城有功，"爵人二级"，战争期间肯于贡献粮食者，战争结束后，"欲为吏者许之，其不欲为吏，而欲以受赐，赏爵禄"。这虽不足证赵国有民爵，但可证山东之国有民爵。另外，山东之国有关"爵禄可以货得者，可亡也"；"官爵可买则商工不卑也矣"；"金玉货财商贾之人，不论志行而有爵禄"；"上卖官爵"等记载，说明爵位可以买卖，也是有民爵的证据之一。

战国等级制的一个重大发展是实行民爵。《盐铁论·险固》引《传》曰："庶人之有爵禄，非升平之兴，盖自战国始也。"此说大体是不错的。

所谓流动性，是指获得各种爵位的人不是永久享受，可因种种原因上下浮动。

在多元的等级制和成员的流动中，士是最活跃的一部分。

1. 士——上下交汇处

春秋时期之前，士作为一个社会等级，是非常稳定的，古人云："士之子恒为士。"意思就是说，士人的孩子也是士人。直到战国时期，士还具有等级的含义，但逐渐向社会上的一个阶层发生转变。这个阶层就作为上（统治者、官吏和剥削者）与下（被统治者、民、被剥削者）交流、转换的中间纽带。

贵族的妃妾所生之子无疑是士人发生转变的一个重要因素。纵横捭阖的张仪就是"魏氏余子"。所谓"余子"，就是指妾室生的孩子。范雎原本也是"梁余子"；商鞅更是"卫之诸庶孽公子也"；韩非出身于"韩之诸公子"；于陵子仲同样是贵族家庭妾室所生的孩子，这种例子比比皆是。总而言之，贵族、官宦的"庶孽"或"后裔"大部分落入士这一阶层。目前我们尽管没有办法做出具体统计，但这类人的数目是相当可观的，例如齐靖郭君田婴有40多个"余子"，其"庶孽"之多可想而知。这些"庶孽"沦落的第一站就是士。

下层人可以上升为士。这种情况早在春秋时已出现，到了战国更为普遍。《墨子·尚贤上》说："虽在农与工肆之人，有能则举之。"所谓"举之"，首先指选拔为士。有些从学的人第一步是通过学而为士。宁越是由学而士、由士而为公侯师的典型。从春秋后期，特别是孔子之后，私人办学之风大盛，那些老师广招生徒，数以十计、百计，甚至有上千生徒。他们都是士的后备军或即是士。

士处于上与下的交汇地带。上下之间的对流量越大，士的队伍就会更加壮大。战国之际，士的队伍发展迅猛的原因就在于此。除此之外，士的发展几乎能够与官僚队伍的发展成正比。士身为官僚队伍的后补人员，一旦官僚队伍得以扩大，士的队伍自然也会扩大。战国时期官僚制度的盛行为士队伍的发展提供了一个契机。

2. "士大夫"和"士庶民"

"士大夫"和"士庶民"这两个概念足可以作为士上下的幅度和范围。因此，应作一考察。

从内涵上考察，士大夫主要包含如下两方面内容：

其一，指居官与有职位的人。《周礼·考工记》云："坐而论道谓之王公，作而行之谓之士大夫。"用现代话说，士大夫是职能官。《墨子·三辩》批评"士大夫倦于听治"，这里泛指一切官吏。《战国策·秦策二》载："诸士大夫皆贺。"这里的士大夫指楚朝廷之臣与王之左右。《荀子·王霸》云："农分田而耕，贾分货而贩，百工分事而劝，士大夫分职而听。"这里指一切居官在职之人。《强国》记载秦国官吏情况：士大夫"出于其门，入于公门，出于公门，归于其家，无有私事也"，泛指所有官吏。《君道》又讲："论德而定次，量能而授官，皆使人载其事而各得其所宜。上贤使之为三公，次贤使之为诸侯，下贤使之为大夫，是所以显设之也。"士大夫指诸侯以下的官吏，文官称士大夫，武官也称士大夫。《荀子·议兵》载："将死鼓，御死辔，百吏死职，士大夫死行列。"《吴子·励士》："于是（魏）武侯设座庙廷，为三行，飨士大夫。"

其二，主要指具有一定社会地位的文人。齐国的孟尝君失势后，门客纷纷离散，这些门客在《史记·孟尝君列传》中称为"士"，在《战国策·齐策四》记述这一事件的时候又称之为"士大夫"。《韩非子·诡使》载:"今士大夫不羞污泥丑辱而宦。"意思就是说没有德行的"士大夫"也能担任官职。在这里,士大夫和官宦是两个定义,"士大夫"就是指文人。《荀子·富国》载:"上好功则国贫,上好利则国贫,士大夫众则国贫,工商众则国贫。"这里的"士大夫"也包括官吏,但主要还是指文人。

所谓"士大夫",一方面指在位官僚,另一方面也指不在位的知识分子,也可两者兼指。"士大夫"在中国历史上形成一个特殊的团体,他们属于知识分子和官僚相结合的产物,可谓是两者的胶着体。

"士民""士庶人"这两个概念的盛行,反映了士人与民众的交融。在社会的变动时期,有很大一部分的士人下降到与普通百姓地位无异的境况,就是指所谓的"布衣之士""匹夫之士"。所谓"布衣",原本指用布做的衣服,当时是普通百姓穿的衣服,所以,一般民众又被称之为"布衣"。不过在某些记载中,士民似乎又比一般庶人地位略高一些。《吕氏春秋·怀宠》载:"士民黔首益行义矣。"黔首指庶人、民,这里把士民与黔首并提,说明士民与黔首地位虽相近,但仍有细微差异,或许有一定道理,但从战国众多史料看,士民决不仅仅指士。

士民、士庶人构成一个独立的词组,反映了士与民的混合。这种混合又说明了士与民可以相互转化。

3. 社会关系的活化

士在社会各阶级、各等级关系中处于交汇处。这一点又可从两方面考察。一方面,上下交流一般地都要通过士这个阶层。权贵下降、沉沦的第一步是掉到士的行列中,下层上升首先需要步入士的行列;另一方面,士本身又可与社会各阶级、各阶层交流,上者可以为王侯将相的坐上客，下者又可与仆隶为伍。士在社会各个角落都留下了足迹，所以，士的存在以及活动，使社会各阶级、各等级之间的距离缩短了，并在不同阶级、不同等级之间架设了一个对流渠道。士的社会地位与职业千差万别，在差别中又有统一性，即知识、道德和勇力。这些东西是无形的，但在社会生活中又无所不在、无所不需。士正凭借这些无形的东西才能游于社会各个角落。由于士可上可下，显贵者下降为士，庶民又可上升为士，这样一来，在社会的等级与阶级之间便增加了一层润滑剂，其主要凭借的是知识、道德和勇力，而不是经济。这就使中国社会的等级、阶级运动别有特色。由于士的流动性，又促使各阶级、各阶层等级的软化。软化不是消失，也不是其间差别的消失，相反，这种软化恰恰又增强了阶级、阶层、等级的韧性和顽固性。

第四节　春秋战国士人代表人物

■ 商鞅

众所周知，秦人是靠商鞅变法才重新走上强国之路的。众人也相应地推知，商鞅是一位主张法治的改革家。但是却少有人知道他原来是一位儒门出身的士人。

他投奔到秦国，通过秦孝公的内侍宠臣景监的关系，曾三次用不同的道术进说秦孝公：第一次用的是"帝道"，第二次用的是"王道"，第三次用的是"霸道"。这里的"帝道"和"王道"，便是儒家师传的托名"五帝""三王"的以仁义道德手段的治国安邦之术。

然而无论是"帝道"还是"王道"，都引不起孝公的兴趣。虽这两次进言商鞅都说得头头是道，攀谈的时间也不算短，可坐在商鞅对面的秦孝公就是提不起精神，"时时睡，弗听"。下来后，孝公更是气恼地

▲ 商鞅砖雕

责备景监："你推荐的客人真是无知，根本就不堪使用！"惹得景监也不停地埋怨商鞅。

不过商鞅并不慌张，原来他前两次进说都是试探性的，或许他早就预料到秦孝公会有这样的反应，因而他徐徐地对景监说："请您再安排一次我与君上的见面，我已知道如何说动他了。"

果然，第三次会见下来，孝公便高兴地对景监说："你推荐的客人不错，我完全可以和他说到一起去。"景监赶忙把这个消息告诉给商鞅。商鞅实话对他说，他这次讲的是"霸道"，即春秋五霸使用的富国强兵、谋取霸业的治术。看来，孝公已有意任用他了，下一次谈话，他将更知道如何中孝公之意了。

往后的接见都是孝公主动安排的。那时人们居住的房屋里还没有常见的桌椅板凳之类，屋子的地面上铺上席子和皮褥，大家都席地而坐。所谓"坐"，不过如同以后跪的姿势：两膝着地，两小腿朝后，而臀部坐于脚后跟之上，孝公就这样与商鞅膝盖对膝盖地坐着交谈。商鞅细细地为孝公剖析他的致秦富强的治术和宏图，孝公专心致志地听着，不知不觉，竟将自己的两个膝盖移到靠商鞅一面的席子前边。如是一连几日，毫不生厌。

就这样，商鞅迈出了自己成功的第一步。这一步的迈出应当首先得益于他的机敏和识时务，同时也来自于他在学术上的兼收并蓄，否则，他死守着自己最初从儒门那里学来的一套"帝道"或"王道"，他可能早就被打发回老家了。所谓机遇，也只是白瞎！

商鞅向秦孝公所谈的一套"霸道"，后人将它归之于法家的治术。其实儒法两家，在开始并不那么水火不容。早期的法家，多数都与儒门有些瓜葛，或者是从儒家阵营中分出的，如李悝、商鞅皆是。商鞅之所以要另学一套"刑名之术"，或另外总结出一套如春秋霸主那样求取霸业的治术，其目的不外乎就是要适应当时各国纷争，以富强德而不被世人所重，最终只落个像瓠瓜那样"系而不食"的结果。要参与社会要在当世建功立业，就只有调整自己，走与儒门祖师爷孔子正统教导的一套不同的道路。这条路，他是认准了。

后来，商鞅为答复景监向他提出的"你到底用什么方法使得我们的国君对你那样感兴趣"的问题时说："我开始劝说君上行帝王之道，并说这可以使秦国的治绩盖过禹、汤、文、武、周公时的三代治世，然而君上回答我说：'那样的治世太遥远了，我不能等待。一个聪明的君主，应当现实地考虑到在自己的有生之年能够做出成绩来，好使自己扬名天下，怎能寂寞地期待数十百年以后才得以实现的帝王之业呢？'所以我改用强国之术说君，才说得他十分高兴。不过此类强国之术所达到的成就比起开创盛世来，可就有些差距了。"事情很清楚，是秦孝公宁愿求取现实的富国强兵的霸业，而不愿"邑邑待数十百年以成帝王"的态度，决定了商鞅在术业上的选择。秦孝公的这种心态，认真地说，也是由当时的社会环境决定的。在当时绝大多数国家的统治者身上，恐怕都存在着秦孝公的这种心态。

另一位也曾在魏国施展过才能，又在楚国担任令尹（楚的最高行政长官）的吴起一生的选择更多。他本是卫国人，第一个拜从的师父是曾参。这是一位在孔门72弟子中以德行和善于反躬自省著称的先生。按照曾子的训导，首先应当遵守的是孝道，但吴起为了求仕，一直在外游学，以至母亲死了也没顾得归家。曾子知道此事后大为反感，一怒之下，与吴起断绝了关系。于是吴起到了鲁国，改学兵法，以其谋略一度任为鲁将。但因人进谗，他又为鲁君谢绝，不得已来到魏国，担任魏文侯的将。据说他在魏国再拜子夏为师，但从他的行政及驭兵方法来看，他所崇尚的仍是执刑赏那一套。他待士兵如亲子，与最下级的士兵同衣食，行军不坐车，宁肯背着干粮与士卒同行。有在战斗中受伤化脓的伤员，吴起甚至亲自为之吸吮伤口。这使得士兵都乐于为之效死。吴起指挥的大小数十次战斗，没有一次遭到败绩的。然而他仍然遭到他人的谗毁，继文侯之后即位的魏武侯开始疏远吴起。最终，吴起选择了使他的事业达于顶峰的楚国。他在那里厉行与李悝变法同样性质的改革，明申法令，节财练兵。加上他的用兵才能，使楚国在短时间内，就"南平百越北并陈、蔡，却三晋，西伐秦"，强大到使诸侯畏惧的地步。

综观吴起的一生，不仅在术业上多有所转移，而且不忌讳不断地转移已建功立业的地点，选择最适宜于施展自己才能的地方。虽说战国时期人员流动是个特点，但像吴起那样不断孜孜以求地在四处谋取仕进者，还是少的。这一点无疑也给了商鞅以很大的启发。他选择秦国也不是偶然的，因为他早就说过"良鸟择木而栖"的话。

商鞅和吴起一样，都是卫国人，只是他的出身更高贵些，属于"卫之诸庶孽公子"，所以他本名叫卫鞅，又称公孙鞅。"公孙"即表明其贵族的家庭出身。"商鞅"的称呼，乃是因为他在秦国被封于商的缘故。可能经过战国初期的社会分化，王公贵族的诸庶出子弟已不再享有许多特权了，故而年轻的卫鞅也不得不投入士的行列，自学些本事，以求出路。

商鞅到秦国后，很快就向孝公提出一系列致秦富强的建议。

这些建议，有的直接就是给秦孝公的上奏，有的则是用论文的方式，对某些问题进行详细的阐释。它们都保留在商鞅留给后人的文化遗产——《商君书》里面。

秦孝公六年（公元前356年），在秦的国都栎阳（今陕西临潼县东北），新被任命为左庶长（时为军政长官，相当于各国的卿）的商鞅发布了如下新法：

一、"令民为什伍，使相牧司连坐"。即将全国人民编入户籍，五家为一伍，十家为一什，使互相监视。一家犯罪，其余各家连坐。

二、严禁藏匿犯罪的"奸人"："不告奸者腰斩，告奸者与斩敌首者同赏匿奸者与降敌者同罚。"

三、鼓励大家庭分居。对不实行分居的有两个成年男子以上的大家庭，采取加倍征收赋税的方法进行惩罚。

四、奖励军功。对立有军功者，根据其杀敌的首级数赐以不同的爵位（为此，秦制定了20等军功爵作为辅助措施）。

同时，对私斗者进行惩罚，使"各以轻重被刑大小"。

五、奖励农业，对努力生产，"耕织致粟帛多者"，"复其身"——除其本身徭役。

六、惩罚商贾，把他们与农村中的"怠而贫者"同列，罚没他们的家庭为官奴婢。

七、令宗室（秦公家族）贵族中无军功者，不得再列入宗室的簿籍，不再享有相应的爵禄。

八、按照新制定的爵位制度，明确各等级的尊卑，享有取得相应级别的田宅、奴隶及服用标志其身份的衣服器用的权利："有功者显荣，无功者虽富无所芬华。"

八项新法，互为关联，一下子震惊了秦国全体臣民。

为了让秦民相信新法的必定施行，商鞅在正式颁布命令前，搞了个取信于民的演习。他命人在都城的南门口竖立起一根高三丈的木杆，同时张贴告示，募过往行人有能将此木移至城北门者，予以赏金十金。商鞅亲自坐在南门的闹市口等着人应募。然而围观的人虽多，却没有一人敢出来动这根木头的。因为大家都感到事情十分蹊跷，不知道这里面有什么名堂。见此情形，商鞅下令把赏金增至五十金。终于，有一位勇夫忍不住站出来，在众目睽睽之下移动了这根木头。商鞅大喜，当即如数赏给了他五十金。这件事很快就在秦国传开，人们都知道了秦国政坛上升起的这颗新星，并且知道新任的庶长是一位出言必信的官员。

秦孝公十年（公元前352年），因新法的初步成功，商鞅被升为大良造。这是新制定的20等秦爵中的第16级，是时秦国尚未设立丞相一职，取得大良造爵位的官员，实际职务已相当于丞相兼将军。又过了两年，即孝公十二年（公元前350年），乘着第一次试验的成功，商鞅又颁布了他的第二次变法令。

新的变法条款是在秦的新都咸阳颁发的。迁都的时间也在这同一年。但是在迁都之前，秦已在咸阳建好了城楼宫殿，特别是按照商鞅的意思，还在宫廷外建筑了一座高大的门阙，谓之"冀阙"。这种建筑是商鞅的发明，基本形状是在两个高台上架设楼观，观下两台中央为通道，门在两旁。它的主要用途是用来发布朝廷的法令、文告等，后世称之为"象魏"。商鞅的第二次变法条例就挂在上面——当时公布法律已不采用铸刑鼎的方式了。不用说，此建筑本身即表现了商鞅的法治精神。

这次颁布的新法只有四条：

一、"令民父子兄弟同室内息者为禁"。

二、"集小乡邑聚为县，置令、丞，凡三十一县"。

三、"为田开阡陌封疆，而赋税平"。

四、"平斗桶权衡丈尺"。

第一条是对前次变法中"民有二男以上不分异者倍其赋"的补充和发展，原来虽不提倡但仍允许存在的大家庭制度，现在被明令禁止。

第二、三、四条皆出于加强中央集权和对财政经济管理的考虑：重新划分全国为31县，是为了加强对地方行政的管理；开阡陌封疆，是要将原来井田上的界限打开，按照国家新确立的对个体家庭的授田数，将土地重新分配给个体家庭，以达到均平赋税的目的；统一度（丈尺）量（斗桶）衡（权衡），则是为着国家分配土地上和征收各种赋税的需要。这些内容，显然都是对上次变法的深化或完善。

第二次变法令的施行，遇到的阻碍少多了。贵族们尽管心里怨恨，但公开跳出来反对的却很少。只有一个例外，那就是上次已被施以刖刑的公子虔，又因反对而对他施以劓刑（割去鼻子）。

商鞅凭着自己铁的手腕，依靠孝公的支持，终于使新法在秦国的黄土地上扎下了根。两次变法，使秦国的面貌发生了根本变化。司马迁在《史记》中记载道，新法"行之十年，秦民大悦，道不拾遗，山无盗贼，家给人足，民勇于公战，怯于私斗，乡邑大治"。从前说新法不便的，现在也改口赞扬新法的好处了。自然，商鞅在秦国乃至在各诸侯国中的威信也树立起来。

商鞅为秦的强大立下了汗马功劳，亦相应地受到孝公的嘉奖，他被封予商（今陕西商县东南）、于（今河南内乡县东）两地15处城邑，号为"商君"。驷马高车，仆从如云。在博取高官厚禄这一方面，他可以说是攀登到了士大夫所能达到的顶峰。

俗话说，物极必反，荣盛则衰。商鞅没有想到，在他走过20多年仕途，并且经历了人生最辉煌的一段路程之后，他会最终落得个身首异处的悲惨下场。公元前338年（秦惠文王元年），仍是在商鞅发布第二次变法令的咸阳闹市，已被秦国士兵抓住杀死的商鞅复被当众处以车裂的极刑。他的家属亦尽数被斩首示众（因被判处灭族）。市民观者如林，然而一个个都表情木然，没有一人表现出同情怜悯的神色。太可悲了，商鞅之死，在秦人中间并未引起过多的反响。或许人们早习惯于在商鞅制定的严密法网下生活，不可能也不愿意对上面的任何变发表议论。

倒是在以后的政治家和史家的笔下，对商鞅之死及其是非功过议论个休。因为商鞅前后主宰秦国政治20余年，不能不对秦国，乃至整个战国历产生巨大影响。

战国以后，为商鞅说好话的人虽不多，但仍有像桑弘羊、诸葛亮、王安石这样一些在历史上有影响的政界人物站在他一边。其中，诸葛亮挟刑赏以治蜀，他赞扬商鞅"长于理法"，自是从自身角度考虑的。王安石则本人就是一位大改革家，他自然要为他的改革者前辈争历史地位了。他的一首诗如此歌咏道："今人未可非商鞅，商鞅能令政必行。"可谓旗帜鲜明。

另一种占压倒优势的舆论主要是从汉代开始的，太史公司马迁是这种舆论的代表。他虽然也提到了商鞅的治绩，但在对商鞅的总的评价中却如此写道："商君，其天资刻薄人也。迹其欲干孝公以帝王术，挟持浮说，非其质也。且所因由嬖臣，及得用，刑公子虔，欺魏将卬，不师赵良之言，亦足以发明商君之少恩矣。余尝读商君《开塞》《耕战》书，与其人行事相类。卒受恶名于秦，有以也夫。"

司马迁说商鞅天生就是个刻薄人，他最初游说秦孝公所用的"帝王之术"，并非出自他的内心（即商鞅本不是个讲仁义之人），其担任秦的执政后所做的一切，才真正表现了他寡仁少恩的本性。包括他的著作，都体现了他为人尖刻的特点。他最终背上恶名，遭受极刑是必然的。

与太史公相类似的议论主要来自同时代的以董仲舒为首的一派儒生，其中以桓宽《盐铁论》所举的"贤良文学"们的意见为典型。他们说："商鞅弃道而用权，废德而任力，峭法盛刑，以虐民为俗。"他最终遭到车裂和灭族的刑罚，是"斯人自杀，非人杀之也"。

这两种评价如此对立，似乎很难统一。

然而仔细分析起来，两说却又有相通之处，至少它们所谈到的商鞅的那些具体作为，都是双方承认的事实。如言商鞅变法致秦富强这一点，就是在司马迁的笔下也是不曾否认的；而对商鞅严刑峻法的深刻，实亦人们的共识。所异者，双方看问题的角度不同，评判是非的标准不同。韩非等人偏重于从功利主义的角度评价商鞅的是非功过，而司马迁及其他儒者则更多地强调个人的道德行为，如此而已。

■ 苏秦

苏秦，一位东周洛阳出身的"鄙人"，他家住在洛阳乘轩里，兄弟五人；以他最少，故字之曰"季子"。或许是家里人多地少的缘故，年少的苏秦没分得一份田产，可又不愿去做买卖，便学了那时许多贫士的榜样，跑到颍川阳城（今河南登封县）的嵩山脚下拜了一位叫鬼谷子的高人为师，打算学一些谋取仕进的方法。

他认为学得差不多了，便告别师父去闯世界。他环顾天下，看到没有一个国家强得过秦国，觉得那里是自己求取富贵的理想之地，便于公元前337年只身西行，向新即位的秦惠王进行游说："大王统治的秦国，西有巴、蜀、汉中的富饶，北有胡地出产的狐貉和代地出产的马匹为用，南有巫山和黔中的险阻，东有崤山、函谷关为塞。土地肥美，人民富庶，战车万乘，精兵百万，沃野千里，真可谓'天府之国'。凭着大王的贤德，加上人民的众多，将士的用命，兵法的教习，可以兼并诸侯，吞并天下，功盖五帝。望大王早举宏图，我苏秦愿为大王效劳。"

苏秦对秦惠王的一番吹捧意在勾起秦人更大规模实行兼并的野心，

好让他在秦的连横外交中施展些身手。但是他忘了秦国刚刚经历了一场动乱。在这前一年，秦惠王诛杀了商鞅，脑子里还未抹去对外来辩士的不信任。任苏秦说得天花乱坠，惠王就是不动心，反而一个劲儿地谦虚道："我听说过，羽毛不丰满的鸟儿不可以高飞，法令未完备的国家不可以行诛罚，道德不纯厚的国家难以役使人民，政教未及理顺的国家更不可以烦劳大臣。今先生不远千里而来赐教于我，我想这计划还是留待它日吧。"

尽管苏秦还在唠叨，惠王已不愿再答理他。他在秦国逗留了好多天，继续给秦王上奏了无数封书信，都不见采纳。他身上的黑貂皮袍穿破了，黄金百斤已打发完了，连旅费也快用尽了，实在无法，他只得离开秦国，返回老家。一路上，他的裹腿坏了，趿拉着两只破鞋，挑着行李书箱，形容枯槁，面目黧黑，见了人一脸的羞愧。回到家，妻子不愿理睬他，照常织自己的布；嫂子不张罗给他做饭；父母也不同他说话，他感慨极了，长叹一声道："妻子不以我为夫，嫂子不拿我当小叔看待，父母不认我做儿子，这都是我自己不争气造成的呵！"

他暗自发愤，连夜翻检书箧，最后在藏书中发现了一部《太公阴符》，是专讲权谋的，便拿了它仔细把读，反复地进行揣摩。夜深睡意袭来，他操起锥子往自己腿上刺去，血流至足，以此方法驱除睡意。他从心底发誓："做一个士人，岂有游说人主而不能博取金玉锦绣及卿相高位的！"

他揣摩了整整一年，终于悟出了一套切合实际的纵横之术。为此，他十分自信地说："凭着这些，我可以完全有把握说动当世的人君了！"

这次，他没有再去西游秦国，而是选择了三晋中实力稍强的赵国。他说赵的宗旨正好与前次相反，是要鼓动赵国带头抵御秦国。那时秦国人进攻的主要矛头尚未对准赵国，赵肃侯对于抗秦并不感到十分迫切。苏秦见到赵肃侯后，首先向肃侯夸耀了一番赵的富庶，接着就谈到秦赵间势不两立的道理。他分析说：野心勃勃的秦国是绝不会坐视赵的强大的，然而秦之所以未能直接举兵伐赵者，乃是因为有南面的韩、魏二国做赵的屏障，一旦韩、魏被蚕食，或力不支而降于秦，秦兵便很快会"渡河逾漳，据番吾（今河北磁县境，属赵），兵必战于邯郸之下矣"。

一番分析立即引起赵肃侯的关切。

苏秦接着说："我为大王计划，最好的办法莫过于联络韩、魏、齐、楚、燕各国，使大家合纵相亲，共同对付秦国。可由大王倡导，使天下统兵将帅会于洹水之上，举行刑白马的盟誓，制定如下盟约：'秦攻楚，则齐、魏各出精兵助楚，韩国断绝秦的粮道，赵渡黄河及漳水拦击秦兵，燕国把守住常山以北。秦攻韩、魏，则楚国断绝秦的后路，齐出精兵助之，赵亦渡河、漳击秦，燕国把守住云中（郡名，治今内蒙古托克托东北）。秦攻齐，楚国也同样断它的后路，韩国把守住城皋（今河南荥阳汜水镇），魏国阻塞住黄河以北的道路，赵渡河、漳、博关（今河北蠡县南），燕亦派精兵佐之。秦攻燕，则赵把守住常山，楚出兵武关（今陕西丹凤东南），齐渡渤海，韩、魏二国出兵助之。秦攻赵，则韩出兵宜阳，楚出兵武关，魏出兵河外（今河南陕县以西），齐渡过清河（在齐、赵两国间），燕亦出精兵佐之。有诸侯不赴约者，就以五国兵共同讨伐之。'这样，以六国的合纵对付秦国，不仅秦兵不敢再出函谷关以害诸侯，赵国亦可乘机成就霸王之业了！"

他停顿了一下，望了望已有些动心的赵肃侯，继续鼓动道："只要大王真正听信我的建议，那么燕国必会献给赵国毛皮及狗马的产地，齐国也将送给大王鱼盐的产地，楚将送上橘柚的果园，韩、魏、中山都会有封地献上。这是过去'五霸'和商汤、武王追求的事业，我让大王拱手而得到它们，王以为如何？"

赵王终于被他说动，站起来向他拜谢道："我的阅历不深，未尝听到过关系国家根本的大计，今天尊敬的客人既有意存活天下和安定诸侯，我愿举国跟从先生。"于是给苏秦配备100辆华丽的车子，让他带上千镒黄金、玉璧百双、锦绣千匹，去邀约各国诸侯。

有了赵国做后盾，苏秦很顺利地穿梭游说于各国之间。他到每一个地方都先吹捧一番那个国家的富庶和君主的贤明，然后指出如果屈从于秦，将招致如此这般的羞辱和祸患，最终使得被他的激将法激起脾气的列国君主都纷纷表示愿"奉社稷以从""敬以国从"。

这班君主有燕文侯、韩宣王、魏襄王、楚威王和齐宣王，他们都一致推举苏秦为合纵盟约的纵长，还都授予他自己国家的相印，使他一人而身兼六国的宰相，真是让他十足地威风。

作为合纵发起国的赵国也受到各国的推崇，虽未曾有哪个国家献给赵肃侯土地，却也都敬重他二三分。肃侯不忘苏秦的功劳，便封他做了武安君。

苏秦大功告成，北返赵国，有意路过家乡洛阳。因为兼了六国宰相，各路诸侯都派了使臣前来为他送行，使他的车队随从多得超过了王者。已沦为小邦之君的周显王闻知车队到来，赶紧派人前往郊外慰劳，为他清扫道路。苏秦一家也忙碌起来，父母亲自为他打扫屋子，张乐设宴，众兄嫂及妻子皆匍匐道旁，拜迎苏秦，都不敢瞧他一眼。

苏秦笑着对嫂子说："嫂呵，为何您从前那样傲慢而今却又谦卑起来了呢？"

"因为小叔您今天位尊而又多金了呀！"

苏秦不禁大为感叹："唉！人贫穷了，连父母都不拿你当儿子；富贵了，哪位亲戚都怕你。人生世上，权势、地位和财富，岂是可以忽略的！"

但苏秦的合纵没有维持多久，因为各国间总是勾心斗角，无法真正齐心协力。不久，秦国挑唆齐、魏二国向赵发起军事进攻，苏秦怕担责任，就自动地卸下六国相印，躲回老家去了。这头一回的合纵即告结束。

■ 张仪

张仪是魏国贵族的后代，与苏秦同出鬼谷先生的门下。两人在一起学习的时候，苏秦常常感到自己不如张仪。

张仪告别先生以后，前往楚国从事游说。不幸很长一段时间都没有找到进仕的机会，也没能见到楚王，弄得他很狼狈，连生计也都快断绝了。

一天，他偶然参加楚国令尹（宰相）举行的招待各地士人的宴饮。

招待会开完以后，令尹发现丢失了一只玉璧。清查中，令尹门人怀疑到张仪头上，说这人又穷又没品行，必定趁此机会将大人的玉璧偷去了，不由分说，便将张仪抓来拷问，打了他数百大板。张仪被打得奄奄一息，却始终不服。门人见问不出所以然，只好将他放回。

一天，有人告诉张仪，

他要好的同学苏秦正在赵国掌权，何不去求他帮助通融一个职位呢？张仪于是前往赵国求见苏秦。

苏秦知他前来，预先告诫门人不得引他进见，同时也不得放他离去。一连过了好几天，苏秦才宣布召见他，可是却又故意坐在高堂上，让他坐在堂下，赐给他奴仆的饮食，还拿话讥讽他道："老兄不是很有才学么，怎么现在穷困潦倒到这个地步？非是我苏秦不为你说话而让你富贵，你实在是不值得收留的呀！"

张仪原以为同学的情分会给自己带来些帮助，没想到反而受到侮辱。他由羞愧转致恼怒，下决心要出这一口恶气。考虑到当今诸侯唯有秦国能让赵国（包括让苏秦）吃到苦头，便踏上了赴函谷关的道路。

其实苏秦并不是无情无义的人，他用的是激将法，以便促成张仪到秦国去谋取更大的发展。待张仪走后，他便召来自己的亲信，向他交代说："张仪乃当今贤士，不过因为贫穷找不到仕进之途。我恐他贪图小利而不图进取，故召他来给他些气受，目的是要激起他奋进。你可替我悄悄地给他些资助。"这人便准备了些金钱和车马，扮做客人，随张仪同行，一路上供给他费用，并帮他在秦国上下打点，直到他见到秦惠王，被任为秦的客卿。

当张仪对前来向他告辞的客人表示感激与挽留之情时，客人才告诉他，这一切全出于苏秦的安排。

苏秦这样安排也还有一个用意，即希望张仪为秦任用后，能影响秦的外交，不要举兵伐赵，以免破坏他的纵约。张仪感于苏秦的厚意，也确实作出了不"谋赵"的许诺。但实际上，张仪虽不谋赵而谋夺取别国的地盘，包括拉拢一些国家，使之先服事于秦以孤立其他各国，也同样是在破坏苏秦的纵约。他被秦任用本来就是建立在他为秦实行分化瓦解各国联盟的外交基础上的。不久，苏秦的合纵盟约趋于解体，以"连横"外交著称的秦相张仪（张于公元前328年被任为秦的大良造）成了历史舞台上新的风云人物。

张仪在任上所做的两件主要事情，一是"令魏国先事秦而诸侯效之"。这件事情，张仪主要依靠了秦的武力做后盾而比较容易地做到了。另一件事情，即拆散齐楚联盟和削弱楚国，则全是凭借着自己的辩才与计谋达到目的的。

当时除秦国以外，势力最强的莫过于齐，其次便是楚国了。使秦国感到不安的是，这两个国家在国际事务中往往结成统一战线，共同对付秦国，因此拆散齐楚之间的联盟成了秦国外交的首要任务。公元前312年，张仪以秦国使者的身份来到楚国，向楚怀王游说道：

"敝国国王最喜欢的人莫过于大王了，最讨厌的则莫过于齐王。现在我们秦国想要讨伐齐国，但是贵国却在跟齐国通好，这使我们很为难。大王如果能断绝和齐的交往，封锁住齐楚间的关口，我愿让秦王割让给大王商于（今河南淅川县西南）一带600里的土地，还可以叫秦国的姑娘嫁给大王为妾，两家约为兄弟之国。"

贪图便宜的楚怀王十分高兴地答应了张仪的要求，他厚赏张仪，还让张仪兼任了楚国的宰相。随后，便一面下令闭关绝齐，一面派了一位将军做使者，随同张仪前往秦国接受土地。

张仪同楚使到了秦国，还未来得及下车朝见秦王，便当着使者的面，装着失足从车上掉下来，一连三个月都称病不朝。割地的事情只好高高挂起。楚王听见这个消息，以为张仪怪楚国与齐的关系尚未断得干净，就派了一位勇士到齐国去，无缘无故地把齐王臭骂了一通。齐王大怒，干脆转向秦国，与秦国订立了共同对付楚国的盟约。这时，张仪才出来接见楚国使臣，他正儿八经地对楚使说："现在，我将自己的封地6里，从某地到某地，敬献给楚王。"

"我听说秦献给我们大王的是商于之地600里,不是6里!"楚使十分惊讶。

"是您听错了吧!我张仪不过是个小人物,哪来600里的封邑呢?"

使者无奈,只好回国报告实情。楚怀王气得七窍生烟,当即下令起兵伐秦。那秦国已经得到齐国的支持,便放心地开关迎敌。交战的结果,楚国被打得大败,损失士兵8万余众及统兵将领屈匄,还丢失了旧都丹阳(今陕西、河南两省间的丹江以北处)和汉中郡(治南郑,在今陕西汉中东)。气急败坏的楚王下令增兵伐秦,双方又战于兰田,楚又大败,最终只好以割让两城的条件与秦讲和。

楚怀王恨死了张仪,刚好这时秦又派人来约以武关(今陕西丹凤东南)外之地换取楚的黔中郡(今湘、鄂、川、黔交界处一带),怀王说:"不愿换地,只愿秦将张仪交出来,我可以白白奉送黔中之地。"那秦惠王也是个贪婪之辈,竟然产生了将张仪送给楚的念头,可是又碍于情面不好对张仪启齿。张仪看出了秦王的心思,便自请前往。秦王对他说:"楚王恨你负约,岂能甘心于你?"张仪却有自己的主意。原来,他在楚国的时候,结识了楚的上官大夫靳尚,靳尚作为楚怀王宠妃郑袖的亲信,对郑袖言听计从,张仪相信通过他们的活动会保自己无虞的。

果然,当张仪前往楚国被怀王投进监狱后,靳尚便受张仪的指使找到郑袖,对她说:"夫人可知自己将要被大王疏远了吗?"

"为什么呢?"

"因为秦王十分喜欢张仪,一定要将他赎出来,现正考虑送给楚国上庸(今湖北竹山县西南)一带六县的土地,还准备送给怀王美女,包括让秦宫中善于歌舞的宫女作为陪嫁。怀王既贪得秦国的土地,势必重视与秦的关系,那么秦围送来的美女也将被怀王所尊宠。如果这种情况发生，夫人岂不是要被疏远了么！为夫人计，不如早些劝大王把张仪放出去，以阻止秦国计划的施行。"

郑袖害怕了，于是日夜在怀王面前进言，说处死张仪如何地对楚不利。年老昏庸的楚王最终被郑袖说动，竟将张仪从狱中放出，厚待之如故。

人们还记得，张仪刚在秦国被任为相国时，曾给当初诬他为盗贼的楚国令尹写过一封信，说道："当初我到你家喝酒，并不曾偷盗你家的玉璧，可是却受到你无情的答辱。从今以后，我倒要真的来盗取你们楚国的城池了，请好生看守好你的国家吧！"事情的发展，果真让楚国损兵失地，吃尽了张仪的苦头。自那以后，楚国便急剧地衰落下去。然则楚国的衰亡，竟起于一介匹夫张仪的冤冤相报，岂不悲夫！

可能由于使用心计过度，张仪也在自楚国狱中放出以后两年（即公元前310年），过早地去世了。

■ 庄子

老子和庄子，即老庄。老人是道家创始人，由于庄子继承并发扬光大了老子的思想，后世之人因此将这二人合称为"老庄"。在先秦诸子中，以儒家对后世的影响最大，道家次之。关于老子其人，学术界争论很大，众说纷纭。对于这段记载，学术界也有一些不同意见。

老子不带学生，当然没有弟子门人。一百多年后，出现庄子。从《庄子》和同时期其他文献看，庄子似乎也是孔子后学的学生，最起码是深受孔子后学的影响。但庄子选择老子思想，对其发扬光大。当时儒、墨是显学，而庄子对于纷乱的社会采取积极逃避的办法，坚决不与统治者合作，对于黑暗的社会现实，虚伪的道德说教进行尖锐的批判。关于庄子生平大略，司马迁在《史记·老子韩非列传》中有简略的记载：

"庄子者，蒙人也。名周。周尝为蒙漆园吏，与梁惠王、齐宣王同时。其学无所不阙，然其要本归于老子之言。故其著书十余万言，大抵率寓言也。作《渔父》《盗跖》《胠箧》以诋訿孔子之徒，以明老子之术。"（《史记》卷六十三，第七册，第2143～2144页）

庄子名周，是宋国蒙（今河南商丘）人，生活时代与孟子大体相同，比屈原早大约30年。学问广博，无所不窥，著书十多万言阐明老子之说来批驳儒家，大部分采用寓言的形式。庄子不与统治者合作的态度是非常坚决的。

还有一件事也可看出庄子对官场的厌弃和对功名利禄的鄙视。庄子爱辩论，另一位宋国哲人惠施是庄子同乡和辩敌，是非常重要的对手，也就成了朋友。辩论也和体育竞赛一样，对手越强越容易出成绩。梁惠王听说惠施的才能，便将其请到魏国为相。

过了一段时间，没有人辩论，庄子感到郁闷无聊，大概就像贾岛所说："一日不作诗，心源如废井。"庄子可能是几日不辩论，思维便枯萎，于是便到大梁去找惠施辩论。惠施听说庄子到了魏国，非常害怕，因为他知道自己的水平和社会知名度都没法和庄子相比，又听有人说庄子来是要代他为相。

庄子哲学博大精深，非本文所能议论。这里只选择其生活态度及对后世影响显著者简言之。庄子坚决不肯当官，是其养生保命的一条策略。庄子对于生死并不在意，他的《齐物论》认为生、老、病、死是一个自然过程，就像春夏秋冬四季更替一样不可抗拒，只能顺应而已。因此，能够顺应自然付与的生命而不使其受到人为的戕害便是每一位聪明之人应追求的目标。每个人都应当自然而然地活到生命的尽头，这才叫"全性葆真"。《养生主》《山木》《人世间》主要是论述这一问题的。

庄子养生全生之道可以概括为三种境界。他在《山木》中讲了两个故事，恰好形象地说明了他的观点。《山木》即说：

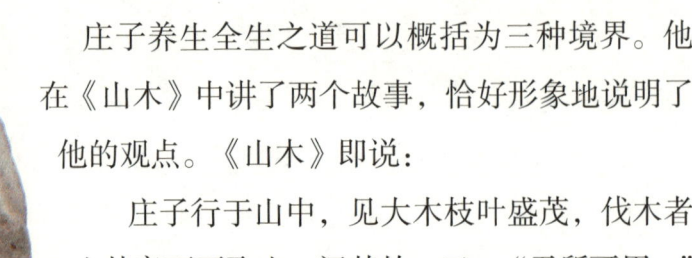
▲ 庄子

庄子行于山中，见大木枝叶盛茂，伐木者止其旁而不取也。问其故，曰："无所可用。"庄子曰："此木以不材得终其天年。"夫子出于山，舍于故人之家。故人喜，命竖子杀雁而烹之。竖子请曰："其一能鸣，其一不能鸣，请奚杀。"主人曰："杀不能鸣者。"明日，弟子问于庄子曰："昨日山中之木，以不材得终其天年；今主人之雁，以不材死，先生将何处？"庄子笑曰："周将处乎材与不材之间。"山木因无用而长生，得终天年，这是第一种境界，是"避境"，即以不被社会重视而躲避开迫害，俗语说"出头的椽子先烂"，我不出头，所以风雨轻易不能摧残。此便是庄子坚决不当官的原因。

雁以无用被杀，说明完全无用也不可取，也有危险，于是庄子提出"处乎材与不材之间"这一妙方，便是第二境界"游境"，即在社会生活的缝隙中寻找生存空间。他在《养生主》中所讲"庖丁解牛"的故事便是对于游境的最好说明。

但这并不是养生达生的最高境界，因为这样很累，只有到第三种境界"化境"，才会幸福自由。其具体表现是："材与不材之间，似之而非也。故未免乎累。若夫乘道德而浮游则不然，无誉无訾，一龙一蛇，与时俱化，而无肯专为，一上一下，以和为量，浮游乎万物之祖，物物而不物于物，则胡可得而累邪？"即对于一切都不在乎，不需要赞美，也不在乎诽谤；或像龙那样飞腾在天，或像蛇那样潜伏地下，随着季节和环境的变化而变化，不肯专门去追求什么，也不肯专门去限制什么。即老子"和光同尘"思想的具体体现。于此可见庄子的生存智慧。

庄子的物质生活很清贫，但他的精神生活却很丰富。《庄子·列御寇》中一段文字为我们了解庄子的实际生活状况提供了根据：

宋人有曹商者，为宋王使秦。其往也，得车数乘。王说之，益车百乘。反于宋，见庄子曰："夫处穷闾隘巷，困窘织履，槁项黄馘者，商之所短也。一悟万乘之主，而从车百乘者，商之所长也。"庄子曰："秦王有病召医，破痈溃痤者，得车一乘，舐痔者，得车五乘。所治愈下，得车愈多。子岂治其痔邪，何得车之多也？子行矣！"

曹商与庄子原来可能是邻居，自我感觉不如庄子，很自卑。后来为宋国使秦，取悦于秦王，有车一百辆，回来后到庄子处炫耀，并对庄子的贫穷进行讽刺。可知庄子住在偏僻的胡同里，困苦窘迫，编织草鞋，瘦得细长脖子，黄脸瓢。这可能便是当时庄子实际生活的写照。庄子对于曹商的答复绝妙而精彩，深刻而冷峻。对于小人得志的丑角也只能如此。

庄子对于社会道德虚伪进行深刻犀利的揭露和批判，他认为儒家提倡的"仁义"是统治者的遮羞布，掩盖了许多罪恶。最著名的论断便是"窃钩者诛，窃国者为诸侯。诸侯之门，而仁义存焉"。小偷被杀头，窃国大盗却当上诸侯，只要当上诸侯，所作的一切便都是仁义，因为他们掌握着国家的话语权，用最通俗的话说，就是"谁官大谁嘴大"，"胜者王侯败者贼"。

庄子的生存智慧和精神世界为中国士人能够摆脱儒家伦理责任的束缚，在理想与现实的矛盾中寻找缝隙而心安理得地生活，提供了最为广阔的自由空间。庄子思想是中国士人隐逸的理论根据和自我解脱的良方。这种思想比儒家的"穷则独善其身"更有意义。以后的中国文人便可以在仕与隐，在社会责任与适性逍遥中进行自由选择，再也不必为不能尽社会伦理责任而痛心疾首。这也是通常所说的"儒道互补"的一种表现。

■ 墨子

墨子（生卒年不详），名翟，东周春秋末期战国初期宋国人（一说鲁阳人，一说滕国人）。墨子是宋国贵族目夷的后代，生前担任宋国大夫。他是墨家学派的创始人，也是战国时期著名的思想家、教育家、科学家、军事家。

墨子是中国历史上唯一一个农民出身的哲学家，创立了墨家学说。墨家在先秦时期影响很大，与儒家并称"显学"，在当时的百家争鸣，有"非儒即墨"之称。他提出了"兼爱"、"非攻"、"尚贤"、"尚同"、"天志"、"明鬼"、"非命"、"非乐"、"节葬"、"节用"等观点。墨子死后，墨家分为相里氏之墨、相夫氏之墨、邓陵氏之墨三个学派。其弟子根据墨子生平事迹的史料，收集其语录，完成了《墨子》一书传世。

战国士人形形色色，墨家学派表现出一种独特的精神风貌。

行侠仗义，反对以大欺小，以强凌弱，反对战争，以天下为己任，并能身体力行，不辞辛苦去进行实践，这是墨子精神风貌的一个方面。《墨子·公输》中记载一个生动的故事，足以显示这种精神。有一位叫公输般的高级木工，发明一种攻城器械。楚王聘用公输般制造这种玩艺，准备攻打比较弱小的宋国。墨子听说后，亲自到楚国去劝说楚王不要发动战争。为了说服楚王，墨子说他有破解公输般攻城器具的器具，并提出和公输般当场较量。

子墨子解带为城，以牒为械。公输般九设攻城之机变，子墨子九距之。公输般之攻械尽，子墨子之守圉有余。公输般屈，而曰："吾知所以距子矣，吾不言。"子墨子亦曰："吾知子之所以距我，吾不言。"楚王问其故。子墨子曰："公输般之意，不过欲杀臣。杀臣，宋莫能守，可攻也。然臣之弟子禽滑厘等三百人已持臣守圉之器，在宋城上而待楚寇矣。虽杀臣，不能绝也。"楚王曰："善哉！吾请无攻宋矣。"子墨子归。过宋，天雨，庇其闾中。守闾者不内也。（中华书局《诸子集成》第四册295～296页）公输般进攻九次，都被墨子化解，黔驴技穷，而墨子的招法还没有用完。接着是二人的心理战，墨子再次破解对方。从这则故事可以看出，墨子不但是个仁者，而且是个智者，还是一个高级工程师，如果他不能在表演中化解对方的进攻，则无法说服楚王，也无法救助宋国。他的弟子禽滑厘一下子就能带三百人去帮助宋国守城，可见墨家学派的队伍是很大的。虽不能排除这里有夸张的因素，但这一学派组织庞大，纪律性强，很有战斗力是可以肯定的。否则，楚王不会被说服。

滑稽的是墨子成功阻止楚王攻宋后，归途中在宋国遇雨，到门中避雨却被拒绝，但墨子并未说破自己对于宋国的大恩大德。讲究仁义是非，施恩不图报，这正是墨家与游侠的区别，也是与儒家接近的

地方。

墨家对后世的影响则不怎么明显，但在当时却是对社会影响非常大的思想流派，而其对于后世的影响是通过儒家体现的，故不为人所注意。墨家学派在战国中后期影响非常大，可以与儒家学派平分秋色。

墨翟是墨家的代表人物。墨家是从儒家分离出来自立门户的一个派别。《淮南子·要略》说："墨子学儒者之业，受孔子之术，以为其礼烦扰而不悦，厚葬靡财而贫民，久服伤生而害事，故背周道而用夏政。"（中华书局《诸子集成》第七册《淮南子》375 页）这种说法基本符合事实。

既然是从儒家分裂出来的学派，与儒家便必定有许多联系和一致之处。如二者都主张积极入仕，都提倡和平，反对战争，都主张尽伦理责任。儒家主张对于人之爱有远近亲疏之别，因为这种爱建立在当时宗法制的社会现实之上，又符合人性的最基本要求，故有深远的影响，提倡礼乐，三年之丧；墨家则主张兼爱，对一切人平等地爱，反对礼乐，提倡节用节葬。对于儒家与墨家的区别，冯友兰先生有一段很精辟的论述：

"孔子对于西周的传统制度、礼乐文献，怀有同情的了解，力求以论理的言辞论证它们是合理的，正当的；墨子则相反，认为它们不正当，不合用，力求用简单一些，而且在他看来有用一些的东西代替之。简言之，孔子是古代文化的辩护者……墨子则是它的批判者。孔子是文雅的君子，墨子是战斗的传教士。（《中国哲学简史》）墨子的生平籍贯难以确考，学术界有争论。但从《墨子》及其他文献中可以大体看出这一学派的精神风貌。如前文所述，春秋战国之交士的身份发生变化，由低等贵族而降为平民，不再凭借自己的身份吃饭，而是靠知识、才能、技艺维持生计。靠学问、知识谋生的士成为文士，靠武艺、力气谋生的是武士。文士主要是儒，武士则是侠。孔子及其弟子属于文士，墨子及其弟子则是以文士为主而兼有侠的性质。"

有的学者认为，墨家学派的成员多出身于游侠。墨家学派有很严格的组织纪律，带有浓厚的宗教性质。《淮南子·泰族训》说：墨子服役者百八十人，皆会使赴火蹈刃，死不还踵，化之所致也。可见这一团体的成员很有战斗性和侠义精神。这一团体的首领叫"钜子"，对下属成员有绝对的权威，甚至有生杀大权。墨子是墨家学派的第一任钜子。从有首领，有章程规矩及下级绝对服从上级等方面来看，墨家学派确实有宗教帮会的性质，冯友兰先生关于"传教士"的评价是很准确的。

■ 孔子

孔子是中国历史上对于士人品格塑造影响最大的第一位平民教育家，也是世界上第一个私人办教育的人。他从事教育事业之时中国社会正处在大混乱的时期，也是意识形态中百家争鸣的开端，故其对于中国历史的发展以及中华民族意识形态特征的形成产生了难以估量的深远影响。

可以说，春秋诸子的争鸣，孔子传道是其开端。与其同时的老子虽然深刻，但其对于社会现实没有热情关注，也没有产生什么影响。而其他各家都是在孔子之后出现的，多数是针对孔子的儒家思想而发的。因此可以说孔子是引发百家争鸣的先导者。

《淮南子·要略》篇说："孔子修成康之道，述周公之训，以教七十子。使服其衣冠，修其篇籍，故儒者之学生焉。墨子学儒者之业，受孔子之术，以为其礼烦扰而不悦，厚葬靡财而贫民，久服伤生而害事，故背周道而用夏政。"（中华书局《诸子集成》第七册《淮南子》375页）

所言正是这种情况。

那么，孔子的教育生涯究竟是怎样的？他是在什么情况下办起私人教育的？他的招生、教学管理、教学活动以及弟子的年龄结构究竟是怎样的？我们却不清楚，这对于学习孔子的教育思想，感受其人格魅力都会产生隔阂。我们应当拂去其圣人的光环，以平常心来考察一下这些情况。

孔子的先祖是宋国贵族，按照宗法制应当立为国君，但其坚决辞让。以后世代为宋国贵族，至孔防叔时被迫逃奔到鲁国。宋国贵族是殷商贵族的嫡系，殷商民族的先祖生活在今东北辽西及内蒙古赤峰一带。所以说孔子的祖先是东北人也未尝不可。

孔子少年丧父，家境寒素，自幼好学礼乐，身材魁梧，仪表堂堂。孔子早熟，十几岁时便得到鲁国上层贵族的注意，并取得了一定的社会声望。十七岁时，他已开始教学生。但似乎只是开始尝试，还没有正式公开招生。

孔子访学时，老子在周任守藏室史，即负责保存收藏历史档案和资料的官员。孔子参观学习周礼，当然要和老子接触。在《史记·老子韩非列传》中也有一段关于孔子访学拜见老子的记载，可以看出这两位文化巨匠接触时相互倾慕的情景，在后文还要介绍，此处从略。

关于此次进修访学的时间，大约在孔子弱冠之后，即20多岁的时候，更具体的时间难以确定。从此，孔子的私人办学开始起步，弟子的数量也开始多起来。据推测，孔子收取十束修为学费当是从这时候开始，否则他的生活便没有经济基础作保障。

20岁到30岁之间，孔子的办学处在发展阶段，学生数量不会太多。到30岁这一年，由于邻近大国齐国君臣的来访，使孔子的地位和知名度再度提高。

孔子35岁时，鲁国发生内乱，孔子到齐国避难，开始钻研音乐，这也是其提高礼乐修养的重要条件。"孔子适齐。为高昭子家臣，欲以通乎景公。与齐太师语乐，闻韶音，学之，三月不知肉味。齐人称之"。(《史记·孔子世家》)后来齐景公问政，并有意重用孔子，晏婴提出异议而止。

晏婴之所以提出异议，并不是出于嫉贤妒能，而是孔子那一套在当时错综复杂的国际环境下不切合实际，难以实行。

▲ 孔子

孔子在齐国逗留一段时间后返回鲁国。但鲁国内部依旧很混乱，"自大夫以下皆僭于正道。故孔子不仕，退而修诗书礼乐，弟子弥众，至自远方，莫不受业焉"。孔子想在齐国出仕的愿望因为宰相晏婴的阻挠而失败，回到鲁国后，出仕环境更差，因此他便专心从事教育事业，从而使事业得到很大发展，达到巅峰状态。

这一时段持续约20年，即大约从35岁到55岁期间。这是人生的壮年时期，是最成熟、最有经验也最有精力的黄金时段。而最巅峰状态大约是在40岁以后出现的。用孔子的话说，就是"四十而不惑"，出仕无望，又执著于自己的理想，想要通过教育子弟这种曲折的方法来实现自己本身无法实现的政治理想，于是大力办学，培养了一大批弟子门人。孔子弟子中的主要人物，在这时期大部分已经投到其门下。

鲁定公九年，孔子50岁。"定公以孔子为中都宰，一年，四方皆则之。由中都宰为司空，由司空为大司寇"。到鲁定公十四年，孔子已经56岁，由大司寇行摄相事。其后不久，便"堕三都"，杀少正卯，利用刚刚到手三个月的最高司法长官的权利杀害了与自己政见不同的文化名人。可以说，孔子的这一做法很恶劣，开了文化专制的先河。

杀少正卯不久，鲁国国君接受齐国赠送的女乐而荒怠政事，孔子便辞职离开鲁国到邻接的卫国去。从此开始了长达14年的流亡生活。

在流亡过程中，一批年龄较大的学生一直跟随他到处流浪。70岁时，孔子才得以返回故乡。三年后去世。

通过以上极为简单的考证和描述，孔子一生办学的经历大致如下：17岁是他教学生涯的起点，20岁左右到东周进修访学是其进一步提高的关键，回到鲁国后便开始向社会公开招生，真正开始了私人教育事业。35岁到55岁这20年是其教育事业的巅峰时期，学生人数众多，远近皆至。56岁到70岁这段时间周游列国，广泛传播自己的学说和主张，是其思想大散播时期。70岁回到鲁国，渡过其人生的最后时光，是其教育生涯的总结时期。

■ 荀子

战国中后期的儒家发展，孟、荀两人恰似并驰的双驾马车。在讨论过孟子之后，我们下面接着讨论荀子。

如前所述，先秦儒家学者中，孔子出入于为学和为仕，孟子驻心于穷独和达兼，站在道统立场上关注政统使他们在不同时代保持了大体上的一致性。到了荀子，由于时代的发展，政治需要士人更切实的帮助与合作，所以我们看到，荀子虽然较孔、孟的生活视野和理论视野开阔了不少，但却更自觉地尽情折中于原则与需要，甚至纳道义入历史现实，显示出远超乎孔、孟之上的更加明确具体的政治取向。

建设往往要以清理和批判开路，思想的建设尤其如此。与孔子拒邪说、孟子辟杨墨相类似，战国末年的荀子，其价值系统的建构也是在清理、批判和改造前人思想成果的基础上着手进行的。我们只要对他的《非十二子》稍加研究，就不难看出这一点。在《非十二子》中，荀子对六家"持之有故""言之成理"，但"足以欺惑愚众"的学派逐一进行了批判，他说它嚣、魏牟"纵情性，安恣睢，禽兽行，不足以合文通治"；陈仲、史䲡"忍情性，綦谿利跂，苟以分异人为高，不足以合大众、明大分"；墨翟、宋钘"不知壹天下、建国家之权称，上功用、大俭约而侵差等，曾不足以容辨异、具君臣"；慎到、田骈"尚法而无法，下修而好作，上则听取于上，下则取从于俗，终日言成文典，反纠察之，则偒然无所归宿，不可以经国定分"；惠施、邓析"不法先王，不是礼义，而好治怪说，玩琦辞，甚察而不急，辩而无用，多事而寡功，不可以为治纲纪"；子思、孟轲"略法先王而不知其统"，"案往旧造说，谓之五行，甚僻违而无类，幽隐而无说，闭约而无解"。十二子分属六个不同的思想流派，彼此之间的思想差距其实很大，这一点荀子本人是相当清楚的。但是问题在于，不管十二子究竟各持什么思想主张，而在荀子看来，其缺陷无一不在对现实政治缺乏直接的促进作用，所谓"不足以合文通治""不足以合大众、明大分""不足以容辨异、具君臣""不可以经国定分""不可以为治纲纪"云云，事实上都是针对这一点而言的。

当然，荀子既有所非，也就必有所是，只有这样才能真正显示批判的意义。所以，他在全面抨击十二子之后，就果敢地抬出了他所肯定的人物孔子和子弓。话说得很明白，他对孔子、子弓之所以持肯定态度，就在于他们能够"总方略，齐言行，壹统类"。所谓"总方略"就是总括治理国家的方针和策略，"齐言行"就是统一人们的言论和行为，"壹统类"就是统一治国的政纲政纪。孔子、子弓到底是不是像荀子所指陈的那样，这恐怕应该归属为另外一个层面上的问题，而我们倒是从荀子对孔子和子弓的评价中看出了荀子本人的希望和理想。从现实政治的角度着眼，并设身处地地为政治的操作运行评事论人、出谋划策，事实上构成了荀子理论展开的基点和内在依据，他的所谓"宗原应变"其实是把应现实之变放在相当优先的位置上来考虑了。正是由此出发，荀子才得以大胆从容地组织材料，一步步展开他关于价值理论和价值系统的总体建构。我们在本节开始首先指出这一点，正是试图由此有效地进入荀子的价值世界。

在先秦士人，特别是在先秦儒家学者思想中，道与势之间始终存在着内在冲突与紧张。因此，如何处理二者之间的关系、摆布二者之间的位置，也就成了包括孔孟和荀子在内的所有儒家大师怎么也绕不过去的问题。孔子倡言"士志于道"，他主张"君子谋道不谋食""君子忧道不忧贫"，甚至要求士人"笃信善学，守死善道"，要士"危邦不入，乱邦不居。天下有道则见，无道则隐"。应该说，孔子视道为一种高远的理想，这一理想是孔子从以往历史文化中锤炼和提升出来的，它力图超越具体的世俗利益，对社会具有裁定和衡量的意义，因此它也成为决定士人人生价值取向的根本依据。孟子论道在士人人生中的意义，更有超孔子而上之者，他说："士穷不失义，达不离道。穷不失义，故士得己焉；达不离道，故民不失望焉。"他对士人的要求是："天下有道，以道殉身；天下无道，以身殉道。"在持道和具体利益之间的权衡上，他明确宣布："未闻以道殉乎人者。"他认为士人应该："乐其道而忘人之势，故王公不致敬尽礼，则不得亟见之。见且由不得亟，而况得而臣之乎？"他甚至号召士人："说大人，则藐之，勿视其巍巍然。堂高数仞，榱题数尺，我得志，弗为也。食前方丈，侍妾数百人，我得志，弗为也。般乐饮酒，驰骋田猎，后车千乘，我得志，弗为也。在彼者，皆我所不为也；在我者，皆古之制也，吾何畏彼哉？"明确区划出道与势的界限，并表现出以道抑势、道尊于势的鲜明的价值取向。

与孔孟所持"道"的高远与超越相比，荀子的"道"则显得具体多了，也实际多了。他说："道者，非天之道，非地之道，人之所以道也，君子之所道也。""道也者何也？曰：礼义辞让忠信是也。""道也者，治之经理也。""道者何也？曰：君之所道也。"在这诸多有关"道"的定义性解释中，我们不难看出，荀子不仅赋予"道"以更多的人间性，而且现实政治功用也堂而皇之成为"道"的内涵。在《解蔽》篇中，荀子曾论及"知道"和"不知道"的区别，他说："心不知道，则不可道而可非道。人孰欲得恣而守其所不可以禁其所可？以其不可道之心取人，则必合于不道人而不合于道人。以其不可道之心与不道人论道人，乱之本也。"他又说："心知道然后可道。可道然后能守道以禁非道，以其可道之心取人，则合于道人而不合于不道之人。以其可道之心与道人论非道，治之要也。"在荀子看来，"知道"和"不知道"对于个体来说虽只是自己的体会，只是"心"中的思忖，但由此导致的政治结果却完全不同。所以，我们认为对于国家治乱的政治计较倒是荀子道论中关注之所在。也正是在这个意义上，荀子才反复强调"道存国存，道亡国亡"这一道理的。

余英时先生说："荀子对'道尊于势'的观念似不及孟子所持之坚。但他并没有丧失儒家的基本立场，故仍以儒者之所以可贵即在于其所持之道。"这个说法大致是准确的。但是，也应该看到，由孔子文化关怀到荀子政治参与的明显变化，还是显示出了孔孟与荀子之间的区别。这种区别的一个重要标志，就是孔、孟和荀子虽然共同言"道"，但彼此赋予"道"的内涵已有明显不同，孔孟的"道"中包含着更多的文化批判因素，而荀子则更看重士对现实政治的参与效果。正因为如此，《尧问》篇中才记载下荀门弟子对"孙卿不及孔子"提问的辩白。也许真的因为时势的变化导致荀子面对现实不得不"明哲保身"，其实这个"明哲保身"的选择本身正恰恰昭示出道势紧张之局由孔、孟到荀子的彼涨此消。士人理想在新的政治形势下又产生出新形态，这种新形态我们是可以从荀子身上找到一二根据的。

先秦儒家很早就以倡礼而著称和闻名，曾学孔子之术的墨翟当年就是因为"其礼烦扰而不说"，最终"背周道而用夏政"的。然而在孔、孟、荀三人中，荀子不仅在论礼方面是用力最勤的一位（据不完全统计，《荀子》全书"礼"字出现已超过300次），而且也是赋予礼以新涵义最多的一位。

毫无疑问，孔子是中国古代礼学的第一位大师。面对春秋末年礼坏乐崩的时代变局，孔子力倡"克己复礼"，企图从文化总结和文化批判入手以诊断社会和疗救社会。他虽然也曾为政治建设提过建议，有所谓"为政以礼""为政先礼"等说法，但他似乎最终也未能把文化的礼与现实政治之间的接榫真正弄个明白，到头来，对后人产生影响最大的只是他反复强调的礼在个体人格培养中的作用和意义，如他说的"不学礼，无以立""兴于诗，立于礼，成于乐""非礼勿视，非礼勿听，非礼勿言，非礼勿动""君子博学于文，约之以礼"等，都表明了这一点。在孔子那里，个体的道德增进和道德自律是改善和推动整体社会包括政治的唯一办法。孟子虽然也谈及礼，但礼在孟子思想中基本上没有形成系统，孟子除了说过像"辞

▲ 荀子

让之心，礼之端也""仁、义、礼、智，非由外铄我也，我固有之也""礼，门也"等几句稍有分量的话之外，其他则多为泛泛之论。事实上，孟子仅仅把礼作为他对人的文化本性界定中的一个因素而已。

与孔、孟相比，礼在荀子思想中却具有举足轻重的意义。一方面，荀子认为礼是个体人生的最高准则。他说："学至乎礼而止矣，夫是之谓道德之极。""礼者，人道之极也。"他认为："凡治气、养心之术，莫径由礼。"矧故隆礼，虽未明，法士也。礼是个体人生必须恪守的最高准则，所以它也几乎同时成为一种外在的社会约束和规范，所谓："礼者，节之准也。"持准以衡之则礼义备，"礼义备而君子归之"。个体人生因此才能上一个档次，也因此才能获得真正的意义。另一方面，荀子又认为礼是为政治国的最高准则。个体的人因为有了礼的规范和框定，才有可能由小人而成就士、君子和圣人。而一个国家的治理也同样需要礼的范导和框定，"人无礼则不生，事无礼则不成，国家无礼则不宁。""国无礼则不正，礼之所以正国也。""为政不以礼，政不行矣，""治民不以礼，动斯陷矣"。在荀子看来，礼不仅具有理论上的重要性，而且同时也具有可操作性，它"譬之犹衡之于轻重也，犹绳墨之于曲直也，犹规矩之于方圆也，既错之而人莫之能诬也"例，足以使"贵贱有等，长幼有差，贫富轻重皆有称者也"。从而区划出人的等级差别。不仅如此，"取人之道，参之以礼""朝廷必将隆礼义而审贵贱"，君主朝廷甚至都可以直接把礼作为"取人"和"审贵贱"的工具。这样一来，礼就被赋予分类标准和检测尺度的双重意义。当然，按荀子的解释，以礼对社会人等予以分类和检测，目的无非是为了息争以达至"公平""贵公正而贱鄙争"，"故公平者，听之以衡也"。而公平、公正才是保证国家步入治局的前提。

春秋战国时期的学人集团

春秋战国时期，随着私学的发展与师生关系的密切，出现了许多学人集团。这种集团以宗师为核心，有一批弟子在其左右，以共同的利益互相支持，甚至还有一定的纪律约束等。因其以学术为基本纽带，所以可称之为学人集团。例如：孔子与他的弟子就是一个庞大的学人集团。

这些学人集团在社会上有相当影响。学生投到门下多半是想学成而入仕，介绍学生入仕似乎也成为老师的职责之一。《论语》中记载孔子"使漆雕开仕"。子路是大弟子，也可充任推荐人，"子路使子羔为费宰"。墨子以介绍学生出仕鼓励他们努力学习，他对弟子说："姑学乎，吾将仕子。"见于记载的，曾仕滕绰于齐，仕公尚过于越，仕曹公子于宋，仕高石子于卫。被仕的还有耕柱、魏越等。学生也可以请求先生介绍出仕。墨子的弟子就有"责仕于墨子"者。被仕弟子对先生仍保持师生关系，要将俸禄的一部分奉献给先生，这在墨家有明确规定。如果出仕弟子表现不好，先生不仅要批评，如孔子批评冉有为季氏聚敛，号召其弟子"鸣鼓攻之可也"。有的还要召回来以示警告，在墨家中有此规定。介绍弟子出仕，并对出仕表现进行监督，反映了集团内部有一定约束关系。

学人集团似乎还有经济利益共享的成分。这在墨家是十分明显的，其他集团似乎也有。孔子曾资助过学生。孟子、田骈等在稷下学宫为先生，齐国君主给他们的俸禄和馈赠的资财，便由师生共同享用。这些集团在行动上也有一致性。老师到哪里，弟子大体上也跟随到哪里，至少有一部分弟子相从。

学人集团在社会上有很高的地位，影响很大，成为社会上一支具有独立意义的力量，有时敢同君主发生争执和进行理论上的对抗。

第三章
秦汉时期的士人

　　大一统的封建中央集权制的建立，彻底结束了士人意气风发的时代。秦皇的批判毫不留情地消灭头脑中藏存着批判的武器的士人们的身躯。在秦末的农民战争之中，在汉初的无为而治之下，新一代的士在苦苦地寻求新的定位，新一代集权制的代表者——汉代君王——也在调整与士的关系。于是，添加了天人感应内容的儒学占有了官方的位置，士人取得了对道统的部分解释权，寻找到新的基本定位。

第一节　秦汉士人重新定位与发展

■ 变乱中的转折

中国的士人,要适应中央集权的统治并在这统治机器中找到自己的位置,有赖于对统治机器的适应调整,更有赖于士人对本身历史地位的认识和自我品性的重建。这一切,是在秦末汉初的社会大变乱中逐步转折的。一直到董仲舒的出现,才表示这个转折的成功。

秦始皇的暴政,秦二世的昏聩,酿成了陈胜吴广的农民大起义。农民起义又引发了各路诸侯并起割据的态势,这又是士活跃驰骋的好时机了。据《史记·儒林列传》所说,"陈涉之王也,而鲁诸儒持孔氏之礼器往归陈王。于是孔甲为陈涉博士,率与涉俱死"。孔甲一名鲋,是孔子的第八代孙,与陈涉俱死于陈地时年正十七岁(虚龄)(见《史记·孔子世家》)。受过儒家思想熏陶极深的孔鲋尚且如此,其他的士人就更加不用说了,他们无不徙倚于各路诸侯之间,致力于建功立业。

在这场逐鹿战争中,士的举足轻重的作用又显示出来了。将门之后的项羽虽拥雄兵,但有一范增而不能用,终于失败。颇有泼皮无赖性格的刘邦,因善于"将将",谋臣如张良、萧何、曹参,战将如周勃、樊哙、郦商、夏侯婴、灌婴等,均能发挥其才智而彪炳史册,特别是大胆起用韩信,终于夺得了政权。

值得注意的是，这时期的士，都不标榜自得道统，而以出谋划策、各为其主为务。其中原因大约有三：一是秦既无道，则不言而喻起兵反对者便是有道，不必再作论证；而秦灭后的各路诸侯之争，特别是楚汉之争，则谁都无法扛出道统的旗帜。这点连项羽本人也明白。他对刘邦说："天下匈匈数岁者，徒以吾两人耳。愿与汉王挑战决雌雄，毋徒苦天下之民父子为也。"想用两人决斗的办法来解决问题。刘邦说"吾宁斗智，不能斗力"。（均见《史记·项羽本纪》）则仍要把天下人民拖入为他个人的战乱之中。二是自秦二世元年（公元前209年）至汉高祖五年（公元前202年）八年之间，战乱频仍。首先要解决的是军事上的筹划策略等问题，而不是道统有无的问题。三是士人们目睹焚书坑儒的惨剧，不想再侈谈道统，而宁愿多考虑如何选择自己的位置。

这个时期的士，颇带有点游民性，有那么一点无赖劲头。比如郦食其，"好读书，家贫落魄，无心为衣食业，为里监门史。然县中贤豪不敢役，县中皆谓之狂生"。好读书，大儒，没有几分泼皮劲是不行的，"狂生"就狂在这里。他看准了刘邦能成大事，去投靠他。而刘邦不喜欢儒，看到戴儒冠来求见的人，就脱下他的儒冠，把小便尿到里面。郦食其见刘邦时，穿着儒衣，戴着甚为矜持庄重的侧注冠，像个大儒的样子。刘邦不愿见他，说是"方以天下为事，未暇见儒人也"。郦食其瞋目按剑对传话的人大声喝道："你父亲是高阳（郦的籍贯）的酒鬼，哪里是什么儒生！"这时郦食其已经六十多岁了，而仍以显示无赖气为荣。刘邦此时正"倨床（坐在床边）使两女子洗足"，就这样来见郦食其，更是一副游民相。郦食其此后为刘邦建立了许多功业，最辉煌的是凭三寸不烂之舌下齐七十余城。但韩信仍旧袭齐，齐王以为郦食其欺骗他，说："你能阻止汉军前进，我让你活下去；

不然，我就烹了你！"郦食其毫不畏惧，说："你父亲不为你去说？"豪气中仍满含无赖气。郦食其就这样为刘邦献身了。（见《史记》本传）无赖气与豪爽气，有时候真是同一件事物的两个侧面。

又如蒯通（本名彻，史宗避武帝讳而改），则更有战国纵横家之风。他曾劝韩信背叛刘邦而自立，与刘、项成鼎足三分之势。韩信不听，终于被吕后斩于长乐锺室。于是刘邦下诏捕蒯通，蒯通来后，对他教韩信叛刘之事供认不讳，说："那小子不用我的计策，所以招来三族的大祸。如果那小子用我的计策，陛下怎么能夷他三族？"刘邦下令"烹之"，蒯通大喊冤枉，振振有词。所说无不切近于理，而盗跖之狗吠尧之比，既骂韩信为盗跖，又捧刘邦为尧，再贬自己为狗，不可不说无赖气十足。蒯通的获保首领，也许是这股无赖气很合刘邦的胃口。

刘邦的掌权，是中国历史上第一次游民掌权。游民掌权如不迅速贵族化（不是指生活，而是指统治模式），就很容易陷于内讧而趋于崩溃。这个时候，叔孙通的本领就显示出来了。

叔孙通是个大滑头儒生，秦时为传治博士。陈胜攻下陈之后，秦二世召集博士诸生来问情况。博士诸生三十余人说是造反，应发兵击之。叔孙通却说秦的统治坚如铁桶，哪里有人敢造反呢！现在闹事的不过是些小偷罢了，地方官便足以对付了。秦二世把那些说是造反的都送去治罪，说是小偷闹事的便算了。赐给叔孙通帛二十匹，衣一套，拜为博士。叔孙通回到住处，诸生有人责怪他一味拍马，叔孙通说："你不懂，我差点儿不能脱离虎口！"就马上逃跑了。几经转折，叔孙通跟上了刘邦。叔孙通穿儒服，刘邦甚讨厌；他立即改穿楚国做的短衣，讨得刘邦的喜欢。叔孙通是带着百余名弟子投奔刘邦的，但他向刘帮推荐的都是游民头子，弟子们很有怨言，叔孙通说："现在是争天下的时候，你们能打仗吗？所以先推荐斩将搴旗之士。你们暂且等待我不会忘记你们的。"到了刘邦登上皇帝宝座的时候,军臣饮酒争功,有的醉了,"夫乱儒者难与进取,可与守成。臣愿征(召)鲁诸生,与臣弟子共起朝仪"。刘邦担心不能适应这些烦琐的礼仪,叔孙通说礼是依时世人情而损益的,现在要搞的一套是折衷古礼与秦仪而成的。于是他征召鲁诸生三十人,刘邦左右愿学的和他自己的弟子百余人,先排练一个多月,然后请刘邦去看,并让刘邦行他本人应行的礼节,刘邦觉得他做得来。于是下令群臣学习。到了高祖七年十月,长乐宫落成,诸侯群臣行朝岁之礼的时候,一切礼仪便按叔孙通所定的来执行,"自诸侯王以下莫不振恐肃敬……无敢喧哗失礼者",刘邦说:"吾乃今日知为皇帝之贵也。"叔孙通至此时才推荐他的弟子,刘邦都任命为郎。至此,他的弟子都说:"叔孙生(先生)诚圣人也,知当世之要务。"叔孙通确实是很懂得因时应变,趋利避害的。以后叔孙通又阻止刘邦易太子,私下告诉孝惠帝改正礼仪上失误的办法(见《史记》本传),则在大滑头后面也有一定的价值原则。就叔孙通本人而言,他在变乱中的转折是十分成功的。就士的品格的重建而言,则叔孙通只是开了一个头。

另一个士人刘敬(本性娄,因决策有功而赐姓刘),以明察事理而对刘邦许多重大决定有大帮助,如改变刘邦定都洛阳的初衷而定都于关中,因此时汉无感德可言,与周都洛阳是务求心德致人不可并提,宜凭险以自固;又如断言匈奴有奇兵,不可击,宜和亲,"冒顿在,固为子婿;死,则外孙为单于。岂尝闻外孙敢与大父抗礼者哉?兵可无战

▲ 刘敬

以渐臣（臣伏）义"。（《史记》本传）堪称奇策；再如建言六国旧贵族及地方豪杰名家徒关中，既便控制，又可备胡，且富实关中，收一石三鸟，弱末强本之效。

汉初君王与士人在大目标一致之下的撞击、磨擦、整合中，各自有所转折，而以士人的转折为主要方面。士已抛去以道自任的旗帜，而完全以臣的身份，从国家长远利益出发去辅助君王，士的地位就这样初步确定了下来。迫于士的不可替代的贡献，君王也需要士的服务，与秦朝建立之时只要士"学习法律避禁"大相径庭。

汉初迫于形势，部分地恢复了分封制，诸侯国有相当的实权。有的诸侯王有养士之风，如刘安"招致宾客方术之士数千人"（《汉书》本传），这又为士提供了一个类似春秋战国的活动空间，成为士为转折过程中的暂息地带。

刘宗政权是建立在秦王暴政及连年战乱所造成的废墟上的，治国者并无什么天纵之才，唯一的办法就是少生事，因为少生事就少出错；而以农民为主体的中国社会的自然运转却自有其活力，可以"无为而无不为"。汉初用以指导施政的就是这黄老之学。黄老之学有较大的宽容度，这又给士的转折留下了暂息的时间。

就士的整个群体而言，前已惩于焚书坑儒的悲剧，近又有为刘邦筹划大计的良好表现，现在又有可以暂息的时间与空间，所以整个转折过程不曾伴随大痛苦。但这不等于说士人就没有个人悲剧。贾谊的自伤而没，晁错的衣朝衣而斩，皆通于事势，而不得尽其才。

士的转折，除了品性的重建之外，还有经济地位上的改变。春秋战国时代的士，是以"无恒产"为其特征的（不排斥部分士可以有其产业），游说诸侯是其主要的活动方式，所以称之为"游士"。汉以后的士，则大多有恒产（不排斥有无产的寒士），以得到荐举（汉或通过科举（隋唐以后）而进入官场为主要活动方式，这种方式彻底消除了士作君王的师、友的超越感。

■ 转折后的基本定位

士既已失去了成为君主的师友的可能性，一旦进入政坛，其身份只能是臣。高度的中央集权制中，君主的权力几乎是毫无制约的，臣下为趋利避害的人类本性所驱动，很容易滑向谄谀。因此可以说，佞臣是高度中央集权制下命定的、无可避免的产物，更不必说希意顺风之辈了。此辈产生，原不在于君王贤明与否。中国历史上，贤君之下，佞臣仍然层出不穷，其原因就在于高度的中央集权制。既然君王在个人的喜怒好恶之间便可以决定某人的生死荣辱，臣下又哪能不随风顺意以求平安，甚或阿谀奉承以求富贵的呢？敢于批逆鳞而直谏的，又哪能不如凤毛麟角之难见呢？秦的高度中央集权，对于中国的大一统，确实是影响深远的，但其负面，如对先秦民主风气的摧残，却也是遗毒无穷的。

汉在政治制度上基本是承袭秦，有"汉承秦制"之说。所以汉代的谀臣也不弱于秦代，而且有的谀得颇有匠心。虞丘寿王（虞丘，亦作吾丘，复姓；寿王，名）就表演得特别精彩，可以说堪称一绝了。公元前116年，殷墟出土了一个青铜鼎，被献到甘泉宫来。群臣都向汉武帝祝贺说："陛下得周鼎。"身为侍中的虞丘寿王却偏说不是周鼎。汉武帝听说了，找他来问道："朕得周鼎，群臣皆以为周鼎，而寿王独以为非，何也？寿王有说则生，无说则死。"明明是周鼎，寿王却说不是，这是欺君，罪当死。寿王为什么要这么说呢？原来，他已准备好利用这个机会对汉武帝大拍其马。据《汉书》本传所载，这位工于拍马的寿王却治事无方。此前，他曾任东郡都尉，因他曾在汉武帝之前把治国方略说得头头是道，所以他任都尉时东郡不再置太守，太守由他兼任。但他搞得"职事并废，盗贼从横"。这固然有其客观原因，"是时，军旅数发，年岁不熟"，导致"多盗贼"，而他本人的能力也颇可怀疑。更可指责的是，他明见社会危机的存在，却借宝鼎曲意称盛德，社会良心何在？

汉武帝极为信任的丞相公孙弘，是顺风阿旨、颇能作伪的人物。他年轻时为狱吏，有罪而免。家贫，以牧猪为业。到四十多岁时，学《春秋》杂说。六十岁时以贤良被征召，为博士。出使匈奴，办事不合武帝之意，病免归家。后来又以文学（也就是懂儒学）被举荐。当时太常令征召的儒士达一的对策，太常令把它排在下等。武帝看到对策，超拔为第一。于是公孙弘再次为博士。从此官运亨通。《史记》本传说：

每朝会议，开陈其端，令人主自择、不肯面折廷争。于是天子察其行敦厚，辩论有余，习文法吏事，而又缘饰以儒术，上大说（读悦）之。二岁中，至左内史。弘奏事，有不可，不廷辩之。尝与主爵都尉汲黯请间（待君王有空私下奏事），汲黯先发之，弘推其后，天子常说（读悦），所言皆听，以此日益亲贵。尝与公卿约议，至上前，倍（读背）其约以顺上旨。汲黯廷诘弘曰："齐人（公孙弘是齐地人）多诈而无情实，始与臣等建此议，今皆倍之，不忠。"上问弘。弘谢（回答）曰："夫知臣者以臣为忠，不知臣者以臣为不忠。"上然弘言。左右幸臣每毁弘，上益厚遇之。

"习文法吏事，而又缘饰以儒术"，很适合武帝对大臣业务素质上的要求；遇事只罗列各方面的情况供君王选择而不面折廷争，与同僚商量好向君王建议某事，而到君王前却退缩在后，甚至背弃约定而随顺君意，这种为正直之人所不取的品格却很投合武帝的需求。

公孙弘的节俭是出了名的，盖的是布被，吃的是糙米饭，肉只上一道。汲黯曾公开指责公孙弘诈伪,说:"弘位在三公(此时弘为御史大夫),奉禄甚多,然为布被,此诈也。"

后来武帝让他当了丞相。在他以前,当丞相的都有列侯的爵位,而公孙弘无爵。武帝便在他任丞相后封其为平津侯。公孙弘任丞相后,适应着武帝举贤良的政策,起客官、开东阁,延揽贤人,与参谋议。他的俸禄,都供应故人和所喜欢的宾客,家无余财。一副好士疏财的样子,博得不少赞誉。

但是,"弘为人意忌,外宽内深"。凡是与他有隙的,他表面上与相友善,暗地里却大加报复。主父偃的被杀,董仲舒的被徙,都是公孙弘的主意。真是工于心计。

这样一位被武帝极为倚重的丞相,对国家大计有过什么卓越的贡献没有?史书未见记载,倒是《汉书·吾丘寿王传》中记载了他一个极可笑的建议。当时"盗贼"甚多,公孙弘建议禁止人民挟弓弩。因为如果有十个强盗拉弓待发,则一百名吏卒也不敢上前,所以贼势越来越盛。如果禁止人民挟弓弩,则强盗只能拿着短兵器,短兵相接,人多的就获胜。用众多吏卒去捕捉少数的盗贼,自然可得。这样,便没有人去做盗贼了。他甚至说禁挟弓弩,便是"刑错(措而不用)之道"。仿佛天下之所以有动乱,仅仅是因为有了弓箭。这个极可笑的建议,自然经不住吾丘一驳。值得注意的是,提此建于节操胆识,恐怕也谈不上。《史记·汲黯列传》说淮南王刘安谋反时,所怕的是汲黯,因为他"好直谏,守节死义,难惑以非",至于要说动丞相公孙弘,"如发蒙振荡耳(如同揭去蒙头巾,摇落枯树叶罢了)"。

雄才大略的汉武帝御前,谀者如吾丘,伪者如公孙,还远不是什么大奸之人,便可知高度集权制对士人精神的摧残与阉割了。

面对高度中央集权的代表人物——皇帝,士所有的仅仅是一种人格力量，这种力量来自于对公认的（包括君王）价值原则的坚守。敢于高扬这种人格力量而立于朝廷之上的，在汉武帝时期，就是汲黯了。

汲黯性褊狭，是其短处，《史记》本传说："黯为人性倨，少礼，而折，不能容人之过。合己者善待之，不合己者不能忍见，士亦以此不附焉。"然而，他洁身自好，自守甚坚，"好学游侠，任气节，内行惰絜（后作洁），好直谏，数犯主之颜色"。汉武帝招文学儒者，嘴上嚷着要施仁义，汲黯敢于当面说："陛下内多欲而外施仁义，奈何欲效唐虞之治乎！"刺到武帝的痛处，弄得武帝作不了声，大怒，变了脸色宣布罢朝。公卿都为汲黯害怕，群臣中也有数落汲黯的，汲黯却说："天子置公卿辅弼之臣，宁令（哪能）从谀承意，陷主于不义乎？且已在其位，纵爱身，奈辱朝廷何！"表示了固守共同价值原则的决心。当时汉武帝正用公孙以尊儒术，用张汤以深文法。汲黯与这两人都发生过冲突，当面斥责公孙弘等"怀诈饰智以阿人主取容"，怒骂张汤等刀笔吏"专深文巧诋，陷人于罪，使不得反其真，以胜为功""必汤也，今天下重足而立，侧目而视矣"。这固然与他学黄老之言、好清静有关，但也不能说没有对人性护持的成分。匈奴浑邪王率众来投诚，汉武帝决定派车二万乘去迎接。但没有钱，向老百姓借马，老百姓有的把马藏匿起来，马匹不够数。武帝大怒，要斩长安令。汲黯说："长安令无罪，独斩黯，民乃肯出马！且匈奴畔其主而降汉，汉徐以县次传之（一县一县地用驿车运送），何至天下骚动、罢敝中国而以事夷狄之人乎！"说得武帝无言对答。浑邪王及其部众来后，商人与他们做生意，犯了不得将兵器和铁卖给胡人之法律而被判死罪的达五百多人。汲黯是凭本人的人格力量而自立于专制朝廷的典范。具有这种人格力量的士在历史上是极罕见的。

董仲舒则是作为道统的阐释者而得心自立的。他对道统的阐释，影响着之后的历代王朝；他的道路，也给后代善于思考的睿智之士以启迪。

董仲舒如何能成为道统的阐释者？这里有必要回溯一下秦末汉初统治者对道统的把握。如前所说，秦始皇是以贵族首领的身份而统一中国的，他当然自以为政治和道统兼于一身。但在人民心目中，他很快就成为"无道"之君，其政权失去了合法性。秦末的农民及各路诸侯的起义，在反秦这一点上，他们都各自以为占有道统，不需要也没有精力和时间来阐释。刘项争夺天下之战，则谁也无法自以为占有道统。刘邦在位时间不长，而且他是游民出身，来不及考虑道统问题。以后是吕后专政，不适宜谈道统问题。已发展成为统治思想的清静无为的黄老之学，又使得汉文帝、景帝不必深思道统问题。随着国力的增强，变"无为"为"有为"，就落在汉武帝肩上。这个时候，考虑道统问题也是历史提出来的任务了。另一方面，汉初就从政治、哲学、历史等方面提出一个共同的课题：研究"天人之际"的关系。到武帝时代已过了七八十年了，必须有一个回答。这是一个牵涉到道统的问题。

汉代人气象博大，风格浑厚，混政治、历史、哲学、宗教、科学等为一体，天人关系问题就是包罗这么多学科在内的大问题，要给它一个根本性的回答当然是很困难的。《黄帝内经》是就人体的构造和养生来回答天人关系问题的，如

▲ 董仲舒

说:"天有四时五行,以生长收藏,以生寒暑燥湿风。人有五藏,化五气,以生喜怒悲忧恐。"司马迁的《史记》是就历史来回答天人关系问题的,他的《报任安书》说他写书的目的是"亦欲以究天人之际,通古今之变,成一家之言"。《史记·秦楚之际月表》把刘邦的胜利归之于天:"此乃传之所谓大圣乎?岂非天哉!岂非天哉!非大圣孰能当此受命而帝者乎!"是其研究天人关系的一例。董仲舒则是就政治、伦理来回答天人关系问题的,他充分发挥了天人感应的学说。

董仲舒是以治《春秋》而为博士的。他认为《春秋》有许多天人感应的记录,对今天很有启示。

今天来看,这个模式是唯心的、神学的。在一些人看来,是可笑的、可谴责的。但是,历史告诉我们,这个模式却是从汉武帝开始的整个中国封建社会的基本模式,是高度中央集权的封建制下适合中国国情的最佳模式。以后历代王朝只是在这个模式上做一些加减和具体的演化工作而已。这个基本模式并没有发生根本性的变化。

历史书常说汉武帝采用董仲舒的建议独尊儒术,其实更应该注意的是:汉武帝采用董仲舒的建议找到了这一政统、道统相兼的基本模式。秦王朝没有找到这个模式,所以迅速崩溃了。汉王朝找到这个模式,所以成功了。

董仲舒此前曾为江都王相,此后曾为膠西王相。这两个诸侯王都骄恣异常,做他们的相是很难办的。汉代诸侯王的相,身肩矛盾着的双重任务:一方面,相是代表天子(即中央政权)去行使监督诸侯王的职能的;另一方面,相既隶属于诸侯王,其职责自然应忠于诸侯王并为他服务。汉代天子与诸侯王各有各的利益,控制与反控制的斗争连绵不绝,诸侯王的相就处在斗争的漩涡之中,立在矛盾的焦点之上,不仅其地位,而且其生命都时时岌岌可危,任何一方都可以置他于死地。

作暴戾的诸侯王之相，其危险性倍增。但董仲舒都熬过来了，安然无恙，《汉书》本传说他"凡相两国，辄事骄王，正身以率下，数上疏谏争，教令国中，所居而治"。他为江都王相时，江都易王是汉武帝之兄，骄而好勇。董仲舒用礼义匡正他，终于得到他的敬重。有一次，易王对董仲舒说："越王勾践和大夫泄庸、文种、范蠡商量伐吴，终于达到目的。孔子说殷有三个仁人，我以为越也有三个仁人。齐桓公决疑于管仲，我决疑于先生。"这话是颇含深意的，先说用兵，后说请董仲舒决疑。董仲舒回答得非常妥当。他说："我愚陋，不足以回答这样的大问题。我听说：古时鲁君问柳下惠：'我要伐齐，怎么样？'柳下惠说：'不行。'回来后有忧色，说：'我听说伐国之事不和仁人商量，鲁君怎么来问我这件事？'仅仅是被问到，尚且感到羞耻，何况设诈谋去讨伐吴国？由此言之，越本来就没有一个仁人。仁人是正其义不谋其利，明其道不计其功的。所以孔子的门下，五尺高的童子也羞于称说五霸，因为他们崇尚诈伪武力而贬抑仁义。五霸比其他诸侯还好一些，但如跟三王比，那就像斌碔去比美玉一样。"这里说的都是历史，而实际作用是打消易王可能由尚武好勇而发展到用兵的念头。董仲舒去做胶西王的相，是被公孙弘排斥的结果。公孙弘也是治《春秋》的，但学问不如董仲舒，然而却善于观察时势而随机应变，官位极高。董仲舒认为弘"从谀"，弘嫉妒董，便通过汉武帝任命董为胶西王相，想利用胶西王之手来杀董。胶西王也是汉武帝之兄，特别纵恣。二千石俸禄的相来后，用汉天子的法令来治理，胶西王就想法找他的过错告发他，找不到过错的，便用欺诈的办法药死他。相如果按照胶西王的办法来治理，则汉天子又要依法来办他的罪。因此，胶西虽然是个小诸侯国，而所杀所伤的相却非常多。董仲舒到胶西为相，胶西王听说董是大儒，对他还比较好。董仍然担心时间久了会莫明其妙地坠入罪网，想法托病免官。董仲舒此后一直家居，朝廷如有大事讨论，就派使者或廷尉张汤到他家中来询问，他的回答都有明晰的法度。

董仲舒所以能经历惊涛骇浪而不遭灭顶之灾，除了他能察微知著、及早抽身外，还有一个重要的潜在的原因，那就是"为人廉直"（《汉书》本传语）。董仲舒的廉直，是建立在对仁义的独特领悟上的。董仲舒本人的经历说明：要向君王说明天意，阐述道统的士，本人必须有良好的修养。

董仲舒提出的模式和他本人所走的道路，表示士经过艰难的转折后找到了比较合适的新的定位。

■ 东汉后期士人的觉醒

东汉后期，由于汉代长期推行的倚重士人和重视教育的政策，士已形成了一个人数颇为众多的阶层。

据说汉桓帝时仅太学诸生已有三万余人（见《后汉书·党锢传》）。这么多的士人，绝大多数以出仕为目的，而政府中的职位是很有限的，这不能满足士人的需求，供需矛盾非常突出。另一方面，汉代取士，用的是推举的办法，推举的基础是乡曲之誉，但实际上许多名额被达官贵人的亲友所占据，能够凭乡曲之誉而上选的名额已所剩无几。

河南尹田歆对他的外甥说："今当举六孝廉，多得贵戚书命，不宜相违，欲用一名士以报国家，尔助我求之。"（《后汉书·种暠传》）河南尹手中所有的六个孝廉名额，贵戚已致书要用五个来走后门，河南尹无法违拒，剩下一个名额，河南尹托其外甥求名士，不为其外甥所知的士人也是无法入选的。这种情况在当时是相当普遍的。为了竞逐这所剩无几的名额，士人就必须要出合与大礼而背于人情的矫激奇诡之行的引人瞩目，博取乡曲的称誉，方能脱颖而出。这种矫激之行，本来不过是一种集体无意识的极端表现，不见得就是自我意识的觉醒。此风漫淫既深，一些人便以掠取声誉为目的了。

东汉前期的周泽，以习《公羊》，隐居教授学生，门徒常达数百人而征举。到永平十年（公元67年）拜太常，为人"果敢直言，数有据争"。永平十二年（公元69年），让他行使司徒的职责，但他"性简，忽威仪，颇失宰相之望"，要之，是能力不副，数月便又降为太常。他曾卧疾于斋宫之中，妻子哀怜他又老又病，到斋宫探望。他竟大发火，说妻子干犯斋禁，抓她到诏狱中，让她认罪。其行诡激如是。当时的人写了一首民谣："生世不谐，作太常妻。一岁三百六十日，三百五十九日斋，一日不斋醉如泥。"（见《后汉书》本传）

诡激之风，以后愈演愈烈。东汉后期的冯良，出身孤微，作县中小吏，三十岁时做县尉的随从。奉命去迎接督邮，上路之后，心中慨然，耻为贱役，就坏车杀马，毁裂衣冠，遁逃至犍为，跟从杜抚学习。他的妻儿到家找他，不见影踪。后来见到草丛中有破车死马、腐烂的衣裳，以为他已被虎狼盗贼所害，发丧制服。十几年后，他忽然回到乡里，这时他俨然是另一个人了，"志行高整，非礼不动"，对待妻儿就如君对臣一样，生活情趣索然，但在当时的风气之下，"乡党以为仪表"。安帝延光二年（公元123年）征聘，冯良到近县送礼致谢而还，是以邀誉为目的了（见《后汉书·周燮传》附）。

追求声誉，虽然不见得就是自我的觉醒，但是，它促使人去认识自我的价值，去树立自己的风范，去展现自己的睿智。也许可以说，追求声誉，是自我觉醒的催化剂。

顺帝永建二年（公元127年），征辟樊英，樊以疾辞。顺帝命令郡县用车子送他来京城。英不得已，到京，称病不肯起。乃强舆（抬）入殿，犹不以礼屈。帝怒，谓英曰："朕能生君，能杀君；能贵君，能贱君；能富君，能贫君。君何以慢朕命？"英曰："臣受命于天。生尽其命，天也；死不得其命，亦天也。陛下焉能生臣，焉能杀臣！臣见暴君如见仇雠，立其朝犹不肯，可得而贵乎？虽在布衣之列，环堵之中，显然自得，不易万乘之尊，又可得而贱乎？陛下焉能贵臣，焉能贱臣，臣非礼之禄，虽万钟不受；若申其志，虽箪食不厌。陛下焉能富臣，焉能贫臣！"帝不能屈，而敬其名，使出就太医养疾，月致羊酒。（见《后汉书·方术传》）庶民而敢于称"受命于天"，以与帝王颉颃，不能不说是自我意识的振起。

第二节　秦汉时期士人代表人物

■ 郦食其

秦汉之交，士人在长期遭受压迫后，又得到施展才能的机会。各种士人纷纷登上历史舞台进行表演。郦食其便是其中很有特点的一位。

在刘邦打败项羽后，一直到武帝时期，儒家学派依然没有受到重视，但已经没有被活埋的恐惧了，属于复苏期。

汉代初期，儒家学派依然没有受到重视。因此属于儒家学派的士人基本上隐在乡间观察时机，以极其坚韧的毅力传授知识，培养后进，随时企图登上历史舞台。而不属于这一学派的知识分子们则已经来到前台，参加了新政权的建设。最突出的是郦食其、陆贾、盖公和贾谊四个人。

郦食其为刘汉王朝之建立献出了宝贵生命。当时，虽经秦王朝的历史阶段，但距战国未远，战国时期纵横家及策士的遗风尚有相当影响。郦食其和陆贾都是这种风气很重的人。

郦食其是陈留高阳人，好读书，因生逢乱世，没有用场，弄得一贫如洗，失魂落魄。实在无法谋生，便为街道当了一名看门人，挣点微薄的工资来填饱一家人的肚皮。他为人狂放，一般人都不放在眼里，镇里的官员们谁也不敢轻视他，更不敢得罪他，都称他为狂生。

陈涉、项羽先后起兵反抗强秦,各路大军不断路过高阳。郦食其见机会来到,当然不情愿庸庸碌碌混过一生,便时刻注意着每一支军队的举动行为及其大将的情况。

后来,沛公刘邦将要路过这里。刘邦身边的一个骑兵恰巧是郦食其的邻居,顺道回家探亲。郦食其早就探听到刘邦在这一时期的所作所为,便亲自到那位骑兵家中,对他说:"我听说沛公虽然傲慢却平易近人,有很多大谋略,此人真是我所愿意跟从的。不要让别人占了先手。如果您见到沛公,就说:'我们街道有个郦生,六十多岁了,身高八尺,人们都称他为狂生。他自己却说不是狂生。'"

那位骑兵说:"沛公不喜欢儒生,各位客卿有戴着儒冠来的,沛公就摘下他的冠倒过来放地上,往里边撒尿。与人谈话,经常大骂,您不可以用儒生的身份来游说他。"

郦食其请求他说:"我就想这么办,兄弟给我说一声。"

那位骑兵还真办事,真的跟刘邦说了。所以便发生下面的故事:

沛公至高阳传舍,使人召郦生。郦生至,入谒,沛公方倨床使两女子洗足,而见郦生。郦生入,则长揖不拜,曰:"足下欲助秦攻诸侯乎?且欲率诸侯破秦也?"沛公骂曰:"竖儒!夫天下同苦秦久矣,故诸侯相率而攻秦,何谓助秦攻诸侯乎?"郦生曰:"必聚徒合义兵诛无道秦,不宜倨见长者。"于是

▲ 郦食其

沛公辍洗，起摄衣，延郦生上坐。郦生因言六国纵横时，沛公喜，赐郦生食。(《史记·郦生陆贾列传》中华书局版第 8 册 2692～2693 页)

从刘邦"竖儒"的话可知，郦食其的打扮真的是儒生，可能是因为两个美人正在给刘邦洗脚无法站起来，因此刘邦还没有把郦食其的冠摘下来放地上往里面小便，够幸运的了。但一边让女人洗脚一边接待来人，也显得太傲慢，根本没有把来人放在眼里。郦食其简单的几句话，便争得了面子，受到刘邦的高度重视。这也正是刘邦最大的长处，即能够纠正自己的错误而采纳别人的意见。

其后，郦食其为刘邦出谋划策，使刘邦在错综复杂的形势下处处取得主动。在楚汉相争最激烈紧张的时候，郦食其为刘邦去游说齐王田广。齐王属下七十多城降汉。因韩信领兵偷袭齐国，郦生被害。但郦食其为刘邦立下大功，得到后人的赞佩。

李白在《梁甫吟》中道："君不见高阳酒徒起草中，高揖山东隆准公。入门不拜骋雄辩，两女辍洗来趋风。东下齐城七十二，指挥楚汉如转蓬。狂客落魄尚如此，何况壮士当群雄。"说的就是这段故事。郦食其在楚汉相争的关键时刻献出了宝贵的生命。而陆贾则是在汉朝初期为政权建设作出杰出贡献的士人。

■ 陆贾

陆贾是楚人，刘邦经营天下时，以客卿身份跟随左右，并以能言善辩著称。曾多次出使诸侯，为汉高祖收服南越王立下汗马功劳。我们不谈其他方面的功绩，只谈他对于汉高祖在政策方面产生的重要影响。

刘邦统一天下当上皇帝，很讨厌读书人，不爱听文绉绉的话。但经常陪伴他的陆贾却不顾这些，时不时地就在刘邦面前谈论《诗》《书》。

因为经常陪伴在刘邦的身边，而且为其办成许多大事，因此陆贾在感情上与刘邦比较亲密，所以才不怕其斥骂。他用历史事实说明在马上可以得到天下，却不能在马上治理天下，第一个提出"逆取而顺守"的策略，并为刘邦建立新王朝提出总的纲领，这就是以仁义道德治理国家。

从《新语》的全部内容来看，陆贾基本上属于儒家学派，因其书虽然是综合儒、道两家学说的精华，但相对来看，儒家思想更突出一些。综观全书，是以儒家思想为主，而以道家为辅的思想体系，较早地体现了儒道互补的精神。

如果我们仔细思考西汉初年的政治情况，以及汉武帝"罢黜百家，独尊儒术"这一国策的制定，就会发现陆贾的活动及《新语》的历史作用。

孝惠帝时，吕后专权，想要封诸吕为王，猜忌善辩大臣，陆贾估量自己无能扭转这种局面，便装病回家隐居，静观时局变化。他选一块好的地方，让5个儿子耕种田地。他把自己多年积蓄的金钱分给儿子作资本，每个儿子二百金。他本人则优哉游哉，过起了闲适舒心的生活。

因及时离开政治斗争的漩涡，故吕后在封诸吕为王的过程中，他既没有受到吕后集团的猜忌，也没有受到舆论的谴责，真是个智者。

惠帝年少，性格软弱，吕后专横，诸吕紧锣密鼓地准备抢班夺权，要谋取天下。宰相陈平非常忧虑，但计无所出，急得如热锅上的蚂蚁，极其烦恼。在这关键时刻，陆贾前去求见，并为其划策说："天下安，注意相，天下危，注意将。"请陈平和当时在世的老一辈大将绛侯周勃搞好关系，如果二人团结一致，便可以应付各种复杂局面。

陆贾又亲自出面在暗中去联络其他公卿大臣，为陈平和周勃后来一举粉碎诸吕的阴谋，安定刘氏天下起了重要作用。文帝得立，陆贾也有大功。后来再度出使南越，使南越主动去掉皇帝之号，听命于汉朝。陆贾最后寿终正寝，结局很完美，真是个智者。

"逆取顺守"是非常深刻的思想，即夺取政权可以不择手段，可以用暴力，但要保守政权则必须实行仁政，必须顺应民心，顺应历史潮流，这对于中国后来历史的发展产生了重要影响。贾谊在《过秦论》中著名的结论"仁义不施，而攻守之势异也"，便与陆贾提出的靠马上可以得天下，而靠马上不可以治理天下的思想如出一辙。

■ 曹参

从汉朝建国到文帝末年这半个多世纪里，统治者所奉行的基本是黄老之术，所采取的是与民休息的政策。这一政策的实施，与前文提到的陆贾有一定的关系。但更主要的功劳则应当属于留下"萧规曹随"这一成语的曹参。而启发曹参采取这种政策的则是一个几乎被历史完全埋没的人。我们只能从司马迁的《史记》中找到一点蛛丝马迹。那是在刘邦平定天下，曹参被派到最难统治的齐国故地去作宰相时的事。

汉朝建国后，刘邦根据当时的实际情况，采取郡国制。即封一些兄弟子侄为诸侯王，分散到全国各地去，其他绝大部分领土依旧实行郡县制。这样，刘氏诸侯国和皇帝直接统治的郡县形成一种犬牙交错的情况。诸侯国实际上起着拱卫中央的作用。

曹参到齐国作相，便马上遇到了实际问题，这就是面对刚刚脱离战争苦海、满目疮痍的齐国，处在贫困交加艰难处境下的百姓，应当采用什么样的办法来进行统治。曹参以前只是沛县监狱里的小吏，恐怕也就是主管监狱文书之类的一般办事员，根本没有管理一个国家或地区的经验。于是，曹参便召集当地的学者名流，广泛征求意见。

曹参是汉朝初年继萧何之后的著名贤相，有很强的责任心，还有一定的民主作风。他广泛地征求当地众多儒生的建议,结果众说纷纭,令他无所适从。当听说胶西地区有个盖公,善治黄老之学,便派人带重金前去请。

可以说,作为一国地方的行政长官,曹参能够如此敬业,忠于职守,虚怀若谷地听取意见,难能可贵。也可以想象,儒生的意见虽不一致,但肯定也有一些较好的建议。而曹参听说外地有位盖公,便派人去请,表现出求贤若渴的精神。当盖公提出"治道贵清静而民自定"这一总的指导方针时,他如醍醐灌顶,大彻大悟,马上采纳,并将自己府中的正房倒出来让给盖公,以表示对盖公的尊敬和礼遇,表现出礼贤下士的可贵精神。

其后九年,曹参一直运用这一原则来治理齐国,使齐国大治,政治清明、百姓富庶,曹参的大名也传遍天下。

萧何一死,曹参立即准备进京当宰相。别人觉得有些奇怪。数日后,朝廷果然有专门使臣来迎接曹参入朝。曹参上任后,继续用治理齐国的经验,按照盖公提出的与民休息的方法来治理整个天下。每日下朝后,便在家饮酒。从来不提出什么新的主张。

时间一长,大臣们便议论纷纷,连皇帝都有些沉不住气了。惠帝见曹参如此,以为是轻视自己,但又不好意思亲自去问,便命曹参的

▲ 曹参

儿子太中大夫曹窋私下里询问曹参这样做的道理，劝谏其勤勉职守。但告诫曹窋不要露出这是皇帝的意思。

曹窋回家后，找个机会从容不迫地向父亲透露皇帝的意思，结果不但没有奏效，反而被曹参打了几板子，并被严肃训斥道："赶快进宫去侍奉皇帝，天下大事不是你所应当议论的。"惠帝听说后，很不高兴。于是至朝时，惠帝让参曰："与窋胡治乎？乃者我使谏君也。"参免冠谢曰："陛下自察圣武孰与高帝？"上曰："朕乃安敢望先帝乎？"曰："陛下观臣能孰与萧何贤？"上曰："君似不及也。"参曰："陛下言之是也。且高帝与萧何定天下，法令既明，今陛下垂拱，参等守职，遵而勿失，不亦可乎？"惠帝曰："善！君休矣！"（《史记·曹相国世家》）惠帝见曹窋被打，只好自己亲自出面。早朝时责备曹参。经过和曹参的对话，惠帝明白了曹参的良苦用心，于是心情非常轻松，表态说："好！相国不用再说了。"

可以说，曹参的说法和做法都是非常明智的。这就保持了政策的连续性和相对稳定性。因此受到百姓的热烈拥护和高度赞美。

曹参执政的成功虽然有多方面的因素，但最根本的原因还是采纳盖公的建议。而汉初前后长达半个世纪的清净无为，与民休息的国策，与盖公的这句话也有重要关系。真可谓是"一言兴邦"。

■ 贾谊

贾谊是中国古代文人中怀才不遇的典型人物，后代很多文人墨客经常吟咏到他。王勃的《滕王阁序》中写道："屈贾谊于长沙，非无圣主；窜梁鸿于海曲，岂乏明时。"中唐诗人刘长卿《长沙过贾谊宅》便是专咏贾谊的。苏轼还专门写了一篇《贾谊论》。那么，贾谊的命运到底如何？

其实，贾谊在古代知识分子中算是幸运的。贾谊是洛阳人，18岁时便能够吟诵《诗经》和《尚书》。在当时战乱刚刚结束，文化教育还相当落后的时代，这是非常了不起的。因为《诗经》《尚书》等已经近半个世纪没有专门学校教授，只有像伏生、辕固生那样老一代的学者才会。像贾谊这样的年轻人能掌握这种知识的可谓是凤毛麟角。因此，贾谊在洛阳非常出名，太守吴公很赏识他，将他提拔到自己门下，当了一名幕僚。

这位太守是李斯同乡，从李斯那里学到很多经验，颇有才干。由于治理洛阳政绩突出而被提拔到京师任廷尉之职。水涨船高，贾谊也跟着借光。吴太守将他推荐给汉文帝，贾谊被提拔到朝廷当上博士。当年贾谊仅仅20岁，便来到权力中心，来到皇帝身边，成为可以参予国家最高领导层事务的人，可以直接和皇帝对话。18岁被太守赏识，20岁被皇帝提拔，真够可以的了。

汉代的博士官员不是学术职称，而是带有顾问性质的官署设施，与后来的翰林院类似，是皇帝制定政策和决策的参谋部。其中大部分成员是熟谙世故的老儒，贾谊是其中最年轻的人。

置身于这样一个国家顶级知识群体当中，贾谊的学问和见识增长迅速。而且，他有年龄优势，思维敏捷，在回答一些有关国计民生或政治外交及典章制度问题时，往往引经据典，回答准确，令许多老儒生刮目相看。

▲ 贾谊

不久，贾谊便被破格提拔为太中大夫，成为近侍，可以随时见到皇帝，官秩比千石，春风得意。

因为受到皇帝的信任和重用，贾谊更竭尽心智，为国家尽忠。他有敏锐的才思、杰出的文学才华、超前的政治感觉，再加上处在统治阶级最高层的圈子里，可以高屋建瓴地观察到社会出现的各种问题，预见到社会发展的趋势，因此他成为汉初最重要的政论家。

贾谊的《过秦论》气势磅礴，在当时产生巨大影响，"仁义不施，而攻守之势异也"的结论具有震撼人心的力量，成为警醒古今统治者的洪钟巨响。《陈政事疏》中贾谊痛心疾首地说道："臣窃为事势，可为痛哭者一，可为流涕者二，可为长叹息者六。"他在汉初表面繁荣平静的社会现象的背后，看出了潜伏的社会危机。出于对皇帝对国家的负责，他呼吁皇帝和大臣早作准备，将这些危机消灭在萌芽状态，可以减少一些震荡。如削减藩镇势力，加强军事力量，抵制或解决外来民族的入侵特别是匈奴的骚扰问题，都成为后来的社会问题。

贾谊的这些话，使许多朝廷老臣不舒服，但还没有太强烈的反应。当贾谊提出改制时，矛盾便一下子白热化了。

所谓的改制，是每一个封建政权建立后都要进行的。秦始皇统一全国后，按照阴阳五行家提出的五德终始说，认为秦是水德，服色尚黑。

五行观念对中国文化影响甚大。"五行"便是水、木、金、火、土五种物质。这五种物质相生相克，没有一个绝对的主宰。其相生的顺序是土生金、金生水、水生木、木生火、火生土。其相克的顺序正好与此相反，即土克水、水克火、火克金、金克木、木克土。而与金、木、水、火、土相对应的还有许多东西。如"五色""五音""四季""四方"等等。与之相对应的五色是：土为黄色，木为青色，火为赤色，金为白色，水为黑色。每个朝代都因为自己本朝"德"的属性来确定崇尚的颜色。

秦朝为水德，自然崇尚黑色。又根据五行相克的原理，土能克水，汉朝取代秦朝，当然应该是土德，这样，崇尚的颜色就应当是黄色。

到文帝时，汉朝建国已经20多年，因为政权不稳，故还没有实行改制。贾谊提出改制的建议，是很正常的。汉文帝马上同意，并拟定提拔贾谊为公卿，具体负责这项工作。汉文帝的态度也是正常的。但这些正常都无法阻止不正常的情况发生。

以绛侯周勃、灌婴、东阳侯张相如、御史大夫冯敬为主要代表的一批老臣对改制反应强烈，态度极其坚决。他们攻击贾谊说："洛阳贾谊这小子，年轻初学，刚刚读了几本书，就要擅自掌握大权，把朝廷都搞乱了。"与汉文帝产生尖锐的对立。

形势一下子紧张起来。周勃、灌婴等老臣与贾谊已处在尖锐对立的位置上，水火不相容。汉文帝经过一番痛苦的思索和选择后，为了缓和矛盾，便把贾谊贬谪到长沙，当长沙王太傅。

在赴长沙途中，贾谊在湘江边上缅怀一百年前投江的屈原，想到自己政治上的失败，百感交集，写下《吊屈原赋》。到长沙三年，秋天的某一天，一只猫头鹰飞到他的院子里，他觉得这是不祥之兆，便写了一篇《鵩鸟赋》，抒发人生无常的感慨。这两篇赋都带兮字调，是楚辞向汉赋转变的产物，后世称之为"骚体赋"，是赋发展史上很重要的一个阶段。

汉文帝本来就是在无奈的情况下才把贾谊贬出京师的。后汉文帝将贾谊召回长安，在宣室中接见他，并虚心向他请教一些问题，但所问都是神仙之事。贾谊一一作答，内心很痛苦。李商隐《贾生》一诗便是针对此事而发。诗曰："宣室求贤访逐臣，贾生才调更绝伦。可怜夜半虚前席，不问苍生问鬼神。"

其后，任命贾谊为梁怀王太傅。梁怀王是文帝最小的儿子，爱好读书，颇受宠爱，因此让贾谊来教导他。

不久，文帝又封其他儿子为王，贾谊认为这样做容易引起内部争夺，屡次劝谏，文帝不听，贾谊闷闷不乐。后来，梁怀王骑马摔下而死，贾谊认为是自己失职，郁闷而终，年仅33岁。

贾谊现象很有意义，如前文所示，他成为后世文人经常思考的一个问题。"贾谊""贾生""洛阳才子"在后世的诗文中经常可以看到。那么，我们到底应当如何来看待这件事呢？

宋代文豪苏轼曾写一篇《贾谊论》，认为贾谊被贬是因为志大才大而量小，见识短，文帝贬谪他是为了缓解矛盾，不使之白热化。贾谊应当与那些老臣搞好关系，忍耐一些年，情况就会有变化。此说确实有一些道理，但未说到关键处，即封建专制制度本身是扼杀人才的关键。在这种制度下，知识阶层的怀才不遇就是绝对的，怀才能遇则是相对的，有条件的，很少的。按道理苏轼应当有器量有见识吧，可他一生遭际又如何呢？陈师道在纪念他的诗中写道："一代苏长公，四海名未已。投荒忘岁月，积毁高城垒。"可见其一生被贬谪谗毁的程度。

■ 伏生

在秦始皇焚书坑儒前后，政治恐怖，学术完全被扼杀。而在这种野蛮残酷的镇压过程中，依然有胆识过人的学者能够见机行事，激流勇退，不但保全住自身，而且还冒着杀头的危险保存古籍，这便是传授今文尚书的伏生。

伏生很有远见卓识，他的一生肯定富有传奇色彩，只因为年代久远我们无法确切知道罢了。司马迁在《儒学列传》中提到过五经八经师。八人中数伏生资历最老，他是秦朝的博士。在那个残酷镇压知识分子的年代，能够全身而退，回乡隐居，肯定经过一些波折。从藏书的时间来推测，他是在焚书坑儒发生之前离开咸阳的。这就更突出了他的先见之明。

当朝廷宣布禁止私人保存《诗》《书》时，伏生冒着杀头灭门的危险而把一部《尚书》藏在墙壁中。后来天下大乱，伏生逃亡离家。等到天下基本平定，朝廷取消私人藏书的禁令后，伏生才敢扒开墙壁，从里面把书拿出来。结果发现少了几十篇，只剩下二十九篇。于是便用此书来传授《尚书》之学。最开始的两个学生是济南张生和欧阳生。

汉代废除"挟书者族"这一法律是在惠帝四年（公元前191年），伏生将书抠出来，开始传授当在此后不久。汉文帝即位是在公元前179年，召伏生是在文帝九年（公元前171年）时，此时已经九十多岁。以此逆推，伏生生年当在公元前261左右，比秦始皇年龄还要大。

焚书坑儒是在秦始皇三十四年（公元前213年），伏生当时已经近五十岁。可能在此之前他便是博士，想办法退隐回家的。

伏生在给学生讲解《尚书》时，遇到一个棘手的问题，即汉朝初年的年轻人学习的文字是隶书，而伏生从墙壁里抠出来的《尚书》是用篆字写的。学生们无法阅读原文，给教书带来极大困难。伏生便不辞辛苦，用隶书将这些从火中抢救出来的29篇《尚书》认真抄写一遍。这便扫除了学生的文字障碍。

其实，伏生这样做本来是很简单的道理，就是为教学方便。是为了减轻文字教学的压力。不料，这一偶然随意的做法却开创了一个全新的学术时代。

因这种做法很方便，其他学者纷纷仿效，都把古文经书抄写成隶书然后教学。于是人们便称其为"今文经学"。在整个汉代，尤其是到西汉后期和东汉，学术界出现了"古今文经学"之争，今文经学的始作俑者便是伏生。

应当指出，古今文之争主要是指对于经书意义的解释，并不是指用什么书体书写。但不同的解释却与不同的书体书写有关系，用今文即隶书书写者已脱离字形对于字义的直观效果，而篆书即古文书写者则

▲ 伏生授经

有这种方便。董仲舒独尊儒术的思想已经被统治者所采纳，儒家思想已经成为统治思想，这样，为统治阶级代言的学者们便千方百计利用经学来为统治者的现实政策服务，为统治者得到天下、统治天下以及一切政策寻找经学上的根据，采用实用主义的态度，对经学的所谓微言大义进行新的解释。有时一句话便可解释成上万言，有许多完全脱离开字词的本义随便发挥，再和当时逐渐兴起的谶言结合起来，造出许多带有迷信色彩的谎言。因其对于经学进行新的解释，故称这派人为今文经学。

这时，一些有良知的知识分子便站出来，追寻经书的本义，揭穿今文经学的虚伪，探讨经书的本来意义，回归到文字本身上去寻找帮助，于是这批人特别重视文字学，许慎《说文解字》的成书便与这种学术氛围有关系。但今文经学由于受到统治者重视而被朝廷列为正统，属于官方语言。所以在当时今文经学占统治地位。后来，随着黄巾起义烧起的战火，今文经学很快土崩瓦解，而古文经学反而对后世产生深远的影响。汉末著名大学者马融及其弟子郑玄便都是古文经学家。

邀取声誉的文士赵壹

东汉后期的文士赵壹，则是集激诡之行与自觉意识于一身。他"体貌魁梧，身长九尺，美须豪眉，望之甚伟"（东汉颇重人物仪表，故史书常载美姿容者，这也是自觉意识的一种折射）。但是他"恃才倨傲，为乡党所摈"，只好另外寻找机会露一手。

光和元年（公元178年），他作为郡的上计吏赴京昭，当时是司徒袁逢接受计出。计吏数百人都拜伏庭中，没有人敢仰视，只有赵壹长揖而已。袁逢望见觉得奇怪，让左右去责备他说："下郡计吏而揖三公，何也？"他回答说："昔郦食其长揖汉王，今揖三公，何遽怪哉？"袁逢便敛衽下望，握着他的手，请他坐上坐。问西方的事务，他的回答使袁逢大为高兴，便回头对在坐的人介绍说："此人汉阳赵元叔也，朝臣莫有过之者，吾请为诸君分坐。"坐中的人都注视他。

出来后，赵壹去见河南尹羊陟，不能见到。他认为公卿中除了羊陟之外无人足以令其成名，于是日日到羊陟大门前。羊陟勉强同意见他，但尚卧床未起。赵壹迳入，上前大声哭吊，说："窃伏西州（赵壹自指），承高风旧（读久）矣。乃今方遇而忽然（指死），奈何命也！"门下人大惊，都跑进来。羊陟知道此人不平常，就起床，请他来谈话，以为是个奇才，让他先回去。第二天早晨，羊陟带着一大批随从拿着名片去见赵壹。当时上计吏都把车马帷幕装饰得很漂亮，只有赵壹是柴车草屏，露宿在其旁。赵壹邀请羊陟坐在车下，旁人无不惊愕。羊陟和他谈了许多，一直到傍晚，极欢而去。临走时拉着赵壹的手说："良璞不割，必有泣血以相明者矣（用卞和得玉璞事）！"羊陟和袁逢共同称赞推荐他，使得他名动京师，世人都想一瞻风采。

第四章
魏晋士人与名士风流

　　魏晋名士在中国历史上是一道极为亮丽的风景线。尽管他们的种种离经叛道行为为后代的众多正统文人所不齿,并对其冠以"清谈误国""放荡不羁"等种种骂名,但是,他们的独树一帜、真率自然的人格魅力及其洒脱的生活方式,还是给后代文人树立了永远难以企及与复原的范本,也给后世的人们留下了独属于那个时代的"放纵"历史。

第一节　魏晋时期士人发展

■ 建安名士

　　建安是东汉最后一个皇帝汉献帝刘协的年号，自公元196年至公元220年，历时二十五年。这是历史学上的"建安"时代。但文学史上所说的建安时期往往从黄巾起义（公元184年）开始算起，一直延续到魏明帝景初末年（公元239年）为止，总共有50多年的时间。这是一个具有一定独立意义的文人活动和独特性质的历史时期。

　　建安时期是一个历史转折时期，从大一统的汉代到长期分裂战乱的时期，建安是天下统一时代的结束和天下分裂的开始时期。与这紧密关联的，是儒家经学一统天下的学术时期的结束，道家、法家、名家等诸子之学兴起，形成新的思想解放、各家争议的时代，因此这个时代为以后玄学的发展和佛学的立足与发展奠定了基础，创造了条件。儒家经学的衰落，同时导致人们信仰的失落，尤其是东汉末年信奉儒家伦理的党人集体拯救汉朝的失败，并且惨遭杀害，士人开始了艰苦而漫长的新人格的探索，而这个过程本身促进了士人从群体自觉转向个体的自觉，开始了个性张扬的新时代。此际的名士，其标准与人格范型都明显有东汉名士的历史遗传，同时产生着深刻的变化，并对后代名士具有很大的影响。

建安名士，人数很多，由于各人的历史渊源不同，人生轨迹不同，遭际相异，加之身处历史过渡时期，因此他们的人格模式与行为方式也有很大的差异。在"建安"的历史舞台上，活跃的名士有孔融、边让、祢衡、诸葛亮、荀彧、曹植、王粲、刘桢等。

竹林共游

竹林名士就是历史上有名的"竹林七贤"，他们是嵇康、阮籍、山涛、向秀、刘伶、阮咸和王戎七位名士的合称。这个名称的来历，一直有争议，一般根据东晋史学家袁宏的《名士传》而习称(《世说新语·文学》注引)，尽管后来人对此尚有不同看法，但可以肯定在东晋时已经这样叫开了。东晋文学家，玄言诗代表作家孙绰作《道贤论》直接将七位高僧比附"竹林七贤"，著名隐士戴逵作《竹林七贤论》，可见当时"竹林七贤"之名已经被普遍接受。

从"竹林七贤"所处的历史实际看，虽然他们生活的时代与"正始名士"基本相同，但是稍后的社会情势却是变化很大，因此他们与"正始名士"的思想观念、人格特征有着非常明显的不同，而"七贤"本身也是一个很复杂的组成，七人的出身、地位、与曹马的关系以及各人的价值观、政治态度、人格等都有明显差异。他们是正始名士与后代名士之间的转折点，对西晋乃至以后各代的文人都有很深刻的影响。

影响深远的七贤"竹林之游"的确切时间已经难以从现存文献中准确把握了，一般认为应该在正始年间，缩小一点说，当在正始晚期。因为正始元年，王戎才六岁，向秀也仅十三岁。因此，"竹林之游"的时间段不会很长。"高平陵政变"后不久，阮籍立即被司马氏征聘，山涛不久也去找司马师要求做官了。也就是说，"竹林之游"终止了。

"竹林七贤"的出现有时代的必然和事件的偶然。他们中的阮籍与嵇康虽然早已名满天下，但是正始名士的势力正如日中天，他们还不是士林最耀眼的星星，也不是统治核心人物最为关注的对象，因此还可以做一段时间的边缘人物，做局外人。到了嘉平元年（即正始十年），司马懿剪灭曹爽，"天下名士减半"，司马懿立即"命"阮籍为其从事中郎。嘉平三年，司马懿死，其子师接任，又命阮籍继任从事中郎之职。嘉平四年，山涛去找司马师，不久举秀才，除郎中，随即成为司马氏的心腹。显然，在正始后期，统治核心间的斗争正处于白热化，没有精力来关心夺权以外的事，阮籍、嵇康他们有时间和条件作"逍遥"的"竹林之游"。

■ 江左名士

东晋建都建康（今南京），偏安江左，因此东晋名士历史上常称"江左名士"。

偏安一隅的东晋王朝虽然内忧外患不断，但是却也绵延百年（公元317—公元420年），成为魏晋南北朝历时最久的朝代，也是文人艺术创造最辉煌的时代。宗白华先生曾有一段精彩的经典性论述："汉末魏晋六朝是中国政治上最混乱、社会上最苦痛的时代，然而却是精神史上极自由、极解放，最富于智慧、最浓于热情的一个时代……这晋人的美，是这全时代的最高峰。"这里所说，其实主要应该指的是东晋。"这全时代的最高峰"——晋人的美，究竟有多么美？为什么在这样的时代会出现如此美的人？这是饶有趣味的，也是颇难道明的。

东晋可以说是名士的时代。建安名士、正始名士、竹林名士、中朝名士，自然也在他们那个时代风光无限，但是结局完美者绝少，而结局不错的又往往有些人格方面的很大缺憾。东晋则明显不同。除了晋末基本上军阀左右朝政外，名士们是国家的柱石、朝廷的重臣，也是士林民间追捧的对象。整个社会崇尚名士之风，欣赏名士风度，到处洋溢着名士的玄远飘逸和潇洒自由。这个时代也是名士最多的时代，人数之多，历代罕有其比。而且名士的"普及"也是达到了空前绝后的程度：上自皇帝（如简文帝）下至一般文士（如罗含），无论文臣（如王导、谢安）还是武将（如谢玄），不管是僧侣（如支遁、慧远）还是道徒（如王羲之等），几乎遍及社会各个阶层、各种职业，各种各样的人里都有名士。

第二节　魏晋时期士人代表人物

■ 孔融

孔融（公元153—公元208年），字义举，鲁国（今山东曲阜）人，孔子二十世孙，"建安七子"之一。孔融幼年即以知礼与聪慧显名于世，受到司徒杨赐、大将军何进的辟召。曾为北海相，整顿风尚，兴学教化，史称孔北海。黄巾起义，董卓肆恶，孔融自负其才，志欲靖难而谋略不逮，竟遭逐，妻子被掳。曹操奉献帝都许昌，征融为将作大臣，后迁少府，这样就与曹操同朝。开始，孔融对曹操颇有好感，曾为其鼓吹并荐士，以为匡扶汉室有望。但是，时间一久，孔曹渐生矛盾。孔融对曹操的"挟天子以令诸侯"颇为愤怒，而自身又深受汉末清流名士影响，恃才傲物，疏宕狂放，不识时务，故作戏侮之举，最终被曹操以"不孝"等罪名所杀。

孔融在文学创作上取得了很高的成就，《隋书·经籍志》著录其集九卷，在东汉作家中仅次于班固（十七卷）、崔骃（十卷）、张衡（十一卷）、李固（十二卷）、蔡邕（十二卷）数人。其风格也颇慷慨任气，他是建安

▲ 孔融

文学的代表作家与"建安风骨"的重要开创者。

身处汉魏之际，又生于圣人之族，孔融自然更多地带上了汉末党人名士的风度；时移世易，天下已非旧日，孔融仍以旧习陈规应时，难免触处抵牾，而自己也在不知不觉中染上新时代的气息，并在盛气激情激荡下，不经意地发出了与传统迥然不同的声音，成为魏晋的新声，对后代产生着深刻的影响。孔融的过渡性人格，很突出，也很典型。

其一，才异议殊。孔融是个很特别的人。他早年即以"异才"著名。孔融还好学博览，《后汉书》本传言其"性好学，博涉多该览"。说明他涉猎广泛，才气高盛，视点高远，重大略小，而思维方式在于通览大体，而非精细。这种才能特点在他以后的生涯中多有表现。例如为北海相，所举皆合大要，无所瑕疵，但所行均无所成，可见其宜乎言大议而不宜务实事。孔融之博览群书熟识典故，在他的作品中有突出的表现。孔融特别喜用典故，不仅因为熟读典籍，博览群书，而且也因喜好扬才露己，一泄其自负之气。自然，孔融的言论大体与汉末的清议相关性更为密切，与后来的清谈内容与方式距离远些，但是清议实际就是清谈的前驱，尤其是他那独持异论、论辩灵动的特点实为清谈先驱。

其二，志高才疏。孔融的志向很高远，《后汉书》本传言其"负其高气，志在靖难，而才疏意广"。这是很符合他的实际的。孔融有相当深的正统思想，又深受汉末党人影响，他的志向是在匡复汉室，这很不实际却是当时许多士大夫的共同理想。为此，他在董卓手下常常大发忠君憎奸的议论，以致董卓派他到黄巾军活动最活跃的地方去任北海相；他刚至许昌不久，就向献帝建议在京城附近划出一片地方直属皇帝管辖，以分曹操势力；当他发现曹操之意并不在于复汉，而是在于移鼎，就处处与曹操为敌，扰乱他的施政，讥讽他的行为。可以肯定，与曹氏阵营里的大多数人不同，孔融始终是以恢复汉室作为使命的。但他是个善于大发奇论而不谙实务的人。任北海相期间，他似乎动作很大，也很堂皇，但根本不切实际，毫无建树，一败再败，连自己的妻子儿女都成了俘虏。

其三，刚直纯正。虽然魏晋南北朝史称儒学衰微，但是曾经统治几百年的思想意识早已扎根，在人们的"集体无意识"中沉淀下来，成为人们的行为习惯，尤其是汉王朝刚刚崩塌的时候，欲拯救者不乏其人。孔融与汉末名士声气相通，多所交游，还在十六岁那年私藏被通缉的党人张俭。他又是圣人后裔，世沐祖泽。私藏张俭事发后，与兄孔褒争着担当其罪，以致郡县不能决。在北海相任上，"立学校，表显儒术，荐举贤良郑玄、彭璆、邴原等"。（《后汉书》本传）在朝廷议论大多引述《春秋》大义。他反对曹操主要的也是在于尊汉忠君，并不是当时曹操对他有什么不恭。所以说孔融的思想及立场基本上属于儒家，在道学、杂学流行的建安时期是比较纯正的。我们可以说，孔融的刚直纯正，既是对汉末清流党人的继承，也是魏晋名士自身的人格特质，对后代影响至深至远。

其四，流宕不检。文人多有不拘小节的特点，而孔融在这方面偏至流宕不检，发言举止随心所欲，不计后果。他出身名门，少即知名，且确实秉性聪慧，又在党人名士盛行于天下时渐渐长大，深染清流名士风习，这些就是孔融"流宕不检"的主要原因。他在时势已经发生巨大变化之后，依然保持着这种风度，在董卓与曹操之下，他们或许考虑孔融在士林的巨大影响力，而孔融自己的言行尚未对执政者构成致命威胁，一次又一次的有惊无险，也使他产生了错觉，以为无论如何他至少不会有生命之忧，以至于依然故我，我行我素，直至被杀。孔融少年时，不仅有"异才"，也喜好游戏。一次在他去李膺家，得到众人称赏后，被晚到的陈炜泼了一盆冷水："人小时了了者，大亦未必奇也。"孔融立即回击道："即如所言，君之幼时，岂实慧乎！"（《三国志·崔骃传》裴松之注引《续后汉书》）

其五，使性任情。鲁迅曾经就孔融因反对曹操禁酒等事而被杀，发表了如下的议论："曹操是个办事的人，所以不得不这样做；孔融是旁观的人，所以容易说些自由的话。""说话自由"正是孔融这样的名士习惯。

其六，离经叛道。孔融因为纯情而使性，常常有违反常规甚至本心本意之举，特别是情绪激烈之时，发言举止都大异常态常理，因此时而有离经叛道之迹。

孔融，作为汉末党人名士与魏晋名士之间的过渡性人物，他的人格特征确实具有继承与开新的双重性。他基本的思想主要还是倾向于儒家的，但是其名士性格又喜欢潇洒自然的风致。至性纯情，使他古风犹存，也使他在巨大冲击下发生激变，成为激烈反对传统的急先锋，为魏晋名士的进一步拓展打下了基础。

■ 曹植

曹植（公元192—公元232年）字子建，曹操第四子。他生于黄巾起义不久，长于战火纷飞的年代。十三岁之前，一直跟随其父于军旅之中，亲历曹操的雄才大略与丰功伟绩，也在东西南北的游历中丰富了见识。他自幼聪颖好学，又有良好的受教育条件，十岁就能诵读诗论辞赋数十万言，又爱好民间文学，熟识乐府与俳优小说。他在兄弟中才能最为突出，起初曹操以为他是"最可定大事"的人。十三至二十九岁期间，他定居在曹操的大本营邺城，那是他一生中最为舒适愉快的时期。作为贵公子，依恃着曹操的宠爱，凭借着自己的高才，生活也相对安定，过着斗鸡走马、游宴驰猎的贵游生活。吟诗作赋，多为游宴应酬文字；浅唱蹈舞，主在嬉戏娱乐。建安二十五年，曹丕即位，对曹植等兄弟常怀猜忌，并连续不断地进行迫害，先杀害了他的党羽丁翼兄弟，又经常改换他的封地，并派人严加看管，名为王侯实同囚犯。整天以酒为伴，以泪洗面，作诗以抒愤，发文以见志，在抑郁中度过了自己最后的生命旅程。他最后的封号是陈王，死后谥曰思，因此后人称之为陈思王。曹植虽不乐以文学创作名世，但是历史上他却因作品数量之多与质量之高，成为建安时期最重要的文学家，有集三十卷。

1. 高才

曹植的高才，在当时以及后世都是极著名的。"才高八斗"的称誉，藐视世人的谢灵运的倾心钦佩，唐宋以下许多大诗人的远慕，这些足见其"高才"之光。今人徐公持氏言曹植"集古今智慧、文武才能、雅俗技巧于一身，不诬'天人'之称"。确实，曹植具有多方面的才能，虽然不一定文武兼备。以其文学才能而言，他的诗、赋、文各体均为建安成就最高者，也超越了前人。他的诗数量大（据统计有九十多首），无论其前还是同代人都没有过如此大量写诗的；质量高，其艺术成就更是对我国诗歌发展作出了巨大的贡献。如果说曹操、曹丕主要在运用乐府这种形式抒情写意，而曹植乐府与"古诗"，民歌与文人诗兼长，是乐府文人化与古诗通俗化的重要实践者。他的诗，主要是四言与五言，

▲ 曹植

但还探索性地创作了楚辞体、六言体、三七言体、六五言体以及各种杂言体诗。曹植的诗歌不仅体式多样，题材也丰富，社会生活与个人生活的各方面在他手下都是诗歌的好材料，这种拓展就有大才的气度。

2. 纯情

曹植是纯情的文学家。他的情犹如赤子孩童，天真无邪，纯洁无瑕，没有一点社会污染。他眼中心中，是非善恶截然两极，判然分明："烈士多悲心，小人偷自闲。"（《杂诗》）他后期颠沛流离的生活明明是他亲兄迫害所致，身边的仆人属官公然对他大不敬，他还以为是这些人品行低劣，与兄长感情疏远他也以为是这些人从中作梗，根本想不到自己的兄长会如此不容他。他品评人物，也总是觉得别人都是纯洁无垢："如冰之清，如玉之洁。"（《光禄大夫荀侯诔》）他称颂的鸟也都是纯净的："惟夫蝉之清素兮，潜厥类乎太阴。""皎皎贞素，侔夷节兮。帝臣是戴，尚其洁兮。"（《蝉赋》）"饥食苔华，渴饮清露。异于俦匹，众鸟是惊。"（《鹖》）"嗟皓丽之素鸟兮，含奇气之淑祥。"（《白鹤赋》）因为他纯情，因此感情特别丰富细腻。他对妇女寄予深挚的同情。《弃妇篇》中对无法把握自己命运以至于无依无靠的弃妇表达了真挚的同情；《出妇赋》以一个被另求新欢的丈夫中途抛弃的妇女控诉无情的不终；《闺情》《静思赋》等，替幽居女子抒愤；《七哀诗》代替思妇抒怨发叹；《妾薄命》更是以民间女子身份抨击魏明帝大量征发民间少女以供荒淫生活的事实。这种同情之作，在妇女题材比较多的时代也是很突出的。

3. 使性

曹植的行为举止一任自己个性，这也是非常突出的。他非常厌恶礼教，因为礼教就是用各种规范制度限制人的自由，也就是限制人的个性。曹植的使性，是相当彻底的，是有力度的，刚性的。屈原作有《橘颂》以明志，曹植也作有《橘赋》以明性："禀太阳之烈气，嘉杲日之休光。体天然之素分，不迁徙于殊方。播万里而遥植，列铜爵之园庭。背山川之暖气，处玄朔之肃清。"这是一个与世俗相异，具刚烈性情，坚定不移的形象。他的使性有着自己的人生原则，有着自己的人格准则。

4. 简放

曹植的简易疏放也是很突出的，《三国志》本传言其"性简易，不治威仪"，"任性而行，不自彫励，饮酒不节"。所谓的简易疏放，其实与其纯情与使性有着密切的联系，言行处事一任自己好恶，不作细究深思，与世俗的"三思而行"、计虑利害得失不同。曹植的简放，与其贵公子的地位与身份有关，也与他逸群之才有关，与当时社会风气关系也很大。更重要的是，这是他纯情与使性的性格所决定的。他的简放表现很多，如无节制地饮酒。建安文人饮酒成风，这是历史事实，有曹操的禁酒之令与孔融的言行等等为证。作为曹氏集团的中心人物之一，甚至可能成为第二代领导核心的人物，饮酒无度显然是不妥当的，不应该的。

5. 壮志

曹植一生念念不忘建功立业，至死未变，这在历史上也是很有名的。这固然有时代的原因。建安直承东汉，汉末名士忘身救汉的精神与之距离不远；儒家"三不朽"思想对文人的影响依然存在；曹植的前辈和同辈都在努力建立不朽的功业。这些应该是曹植立志不朽的外部原因。其自身的性格也是重要因素。他具有刚烈不易的个性，因此当他早年立下宏愿，在百折不挠的个性力量支持下，很难因时势的变化而改易。曹植的志向高远。他未冠时所作的《登台赋》云："虽桓文之为盛兮，岂足方乎圣明。"将齐桓公、汉文帝这样的史有定论的伟人都不足其观，可见其胸襟眼界之伟。从他所写的大量对古代帝王赞颂之作看，他眼中的盛世应该是传说中的圣明之君的统治。

无论对曹植的远大而坚定的志向作何评价，他具有儒家的"不朽"之念是肯定的，这似乎与后来的名士大不相同。实际上，后来的名士们虽然追求逍遥自在的人生境界，但是对苍生，对家族的责任并不是如一些人所认为的那样全然没有，而是因时势的变化而发生了变异。

曹植爱好甚至可以说追求华美的审美意识，在当时属于少数派，但是到西晋就成为时代风尚。爱美之心，人皆有之，而付之以行为，并成为人格特征的，那就是魏晋名士的风度。曹植的形象，后代的名士们相当仰慕，因此其影响之大就不待多言了。

■ 嵇康

嵇康，《晋书》本传载：常修养性服食之事，弹琴咏诗，自足于怀。他的哥哥嵇喜在《嵇康传》中说：

"长大而好老庄之业，恬静无欲，性好服食，常采御上药。善属文论，弹琴咏诗，自足于怀抱之中……超然独达，遂放世事，纵意于尘埃之表。"（《三国志·王粲传》注引《嵇康传》）

嵇康毕竟生活在名教之网仍然坚牢的年代，司马氏集团也需要名教遮掩其弑君篡权的行径。而名教本身就是对自然的束缚和规范，在这样的情况下，嵇康的任自然必然与统治者提倡的名教产生矛盾。

他认为只要气静神虚，体亮心达，就没有虚荣，不存欲念，也就能越名教而任自然。只要越名任心，世俗的是非就不会放在心上，内心就能保持平静。但事实上，真正的任自然是不可能泯灭是非的。相反，是非之心会更分明。因为任自然就是不矫情，不伪饰，而生活本身就有是非之分、好恶之别的，故任自然的结果，必然会自然而然地产生是非之心、好恶之情。而人一旦有了是非、好恶，心情必然会因此而激动，内心也就不会平静。

平心而论，嵇康所说的"七不堪"，确实是他自然情性的真实流露，一个崇尚自然，追求内心平静的人如何能忍受如此多的繁文缛礼？问题是这心情的本身就与名教格格不入，再加上他情绪的激烈，语势的激荡，这"七不堪"，会让人感到他似乎是在有意扬己之孤傲高洁，而显露世俗礼法的虚伪污浊，这就不能不引起统治者的警惕了。而他"非汤武而薄周孔"的言论是惊世骇俗的。

嵇康之所以为司马氏所不容，更直接的原因恐怕是性格方面的。

嵇康尽管思想上摆脱羁绊的倾向非常强烈，但实际行动上却是很谨慎的，王戎与嵇康居于山阳二十年，未曾见到他有喜怒之色（据《晋书》本传）。然而这种冷静，只不过是热水瓶的外壳罢了，他的内心是滚烫的。他很明白他的"刚肠疾恶，轻肆直言，遇事便发"（见《与山巨源绝交书》）的秉性是会惹祸的。

嵇康性巧，极好打铁。家里园子中有大柳树，非常茂盛，他还特地引进流水绕树一圈以时时滋润它。每到夏天，嵇康便在这柳树下打铁，好不惬意。

反复无常的钟会，此时已投靠了司马氏而得到青睐。他听过嵇康的高名，去拜访他。钟会本来是名公子，又以才能得到贵幸，他乘肥马、穿丽服，宾从如云，来到嵇康家。嵇康正箕踞（张开两腿坐着，形如簸箕，是轻慢的姿态）着打铁。钟会来了，他不行接见之礼，仍然锻铁不辍，旁若无人，大概是表示轻蔑吧。两人好长时间不谈一句话。临走，嵇康问："何所闻而来？何所见而去？"钟会答："闻所闻而来，见所见而去。"钟会深感受到侮辱，记恨心中。

嵇康有个朋友叫吕安。此人对嵇康非常敬仰，每想起嵇康，即使在千里之外，也即刻赶车前来。嵇康与他关系甚好。吕安为人，"志量开旷，有拔俗风气"（《世说新语·简傲》注引《晋阳秋》）。谁知他的哥哥吕巽奸淫了吕安的妻子徐氏，而诬陷吕安不孝，使得吕安下狱。吕巽原来和嵇康也有较深的交往。吕家兄弟的矛盾，嵇康曾作调停。吕安本要告发他的哥哥，是嵇康阻止了他，他也相信他的哥哥不至于如此逼迫自己。而吕巽自己也以全家父子六人发誓，不会告发弟弟。嵇康这样做，是为了吕氏一门的平安与面子。谁知吕巽竟然包藏如此祸心。嵇康深感悲忿，写信给吕巽表示绝交，说："都（吕安字）之含忍足下，实由吾言。今都获罪，吾为负之。吾之负都，由足下之负吾也。怅然失图，复何言哉！"（《与吕长悌绝交书》，长悌，吕巽字）吕安在狱中，说嵇康可以证明他的清白。嵇康出于大义，为吕安辩诬。吕安也是刚烈之人，有济世的志向和才能，这也是司马氏所难容的。由于吕安案的牵连，嵇康也入狱了。

积怨已久的钟会，趁此时机，劝司马氏杀嵇康。《晋书·嵇康传》说：

（钟会）及是言于文帝（司马昭）曰："嵇康，卧龙也，不可起。公无忧天下，顾以康为虑耳。"因谮"康欲助毋丘俭，赖山涛不听，昔齐戮华士，鲁诛少正卯，诚以害时乱教，故圣贤去之。康、安等言论放荡，非毁典谟，帝王者所不宜容。宜因衅除之，以凉风俗。"

据此记载，则钟会明知嵇康（还有吕安）并无死罪，只是利用这个突破点来杀掉他们罢了。他们是把嵇康看作一个政治上的对手来处理的，说他是"卧龙"还不够，还要造谣说他打算参加毋丘俭的造反，只是被山涛劝阻了。

司马氏讨厌嵇康之心，则从他说"每非汤武而薄周孔"（《与山巨源绝交书》）时便已埋下了。当时王肃、皇甫谧等人为替司马氏篡位制造礼教上的根据，便大谈汤、武革命。嵇康的话，无疑是很引起他们的反感的。

司马氏的厌恶，钟会的嫉恨，纺织起一张罪恶的黑网。

嵇康能够冲决名教的罗网，却无法冲决政治的黑网。然而，他的身体虽落黑网无法摆脱，他的精神却视此黑网如蔑如。

嵇康入狱时，有太学生三千人上书，请求拜他为师，还有许多豪俊跟着入狱。公道自在人心。

嵇康临刑之时，神色不变，顾视日影，索琴弹之。曲终，说："广陵散于今绝矣！"他到生命的终点仍执着而从容地实践着他"目送归鸿，手挥五弦"的人生追求，其精神早已飞越黑网而进入缥渺自由的云霄。

■ 阮籍

阮籍，据《晋书》本传载："籍容貌环杰，志气宏放，傲然独得，任性不羁，而喜怒不形于色。或闭户视书，累月不出；或登临山水，径日忘归。博览群书，尤好《庄》《老》。嗜酒，能啸，善弹琴。当其得意，忽忘形骸。"

一方面是"任性不羁"，一方面又要"喜怒不形于色"，这矛盾的两个方面是如何统一在阮籍身上的呢？只要认真考察阮籍的一生行事，不难发现，"任性不羁"是指他的生活态度，而"喜怒不形于色"是指他政治态度的谨慎。可以说，他是以生活上的狂放来掩饰自己一颗惶恐不安的心。

阮籍是痛苦的，造成他痛苦的一个原因是他任性不羁的性格与以名教治国的现实社会有着深深的矛盾。《世说新语·任诞》说：

阮籍嫂尝还家，籍见，与别。或讥之（因礼有叔嫂不通问之说）。籍曰："礼岂为我辈设也？"

又载：邻家少妇有美色，当垆沽酒。籍尝诣饮，醉，便卧其侧。籍既不自嫌，其夫察之，亦不疑也。

《世说新语·任诞》引王隐《晋书》说：籍邻家处子有才色，未嫁而卒。籍与无亲，生不相识，往哭，尽哀而去。

《晋书》本传还载有他守母丧的情景：阮籍母死时，阮籍正与人围棋，听说阮母死了，对奕者要求停止下棋，阮籍不肯，坚决要求决一胜负。下完棋，他立即饮酒二斗，大声痛哭，吐血数升。到举行葬礼时，阮籍吃一只蒸猪肚，喝二升酒，而后与母亲尸体诀别，连说："完了！完了！"接着一声长号，又吐血数升。他守丧尽哀，形体销瘦骨立，几至灭性。裴楷去吊丧，阮籍头发披散，箕踞而坐，醉眼直视，毫不理睬，裴楷吊丧完毕自动离去。有人问："凡吊丧者，主哭，客乃为礼。籍既不哭，君何为哭？"裴楷回答："阮籍既方外之士，故不崇礼典。我俗中之士，故以轨仪自居。"阮籍能为青白眼，见到礼俗之士，以白眼对之。嵇喜来吊丧，他作白眼，惹得嵇喜不悦而退。其弟嵇康带着酒，挟着琴来吊丧了，阮籍非常高兴，便用青眼看他。阮籍的不拘礼法，及对礼法之士的深深厌恶激起了礼法之士的忌恨，他们便寻找一切机会加害于他。

任性不羁的阮籍内心的压抑和苦闷可想而知，佯狂、酗饮其实就成了他发泄苦闷的手段，也借以躲避迫害。《晋书》本传载：晋文帝开始想为武帝向阮籍求婚（与阮籍做儿女亲家，以此笼络他），阮籍不愿意，又不好拒绝，便大醉六十日，文帝因没机会开口而作罢。但既身在官场中，他不可能事事都用沉醉来逃避。果然，在魏晋禅让的丑剧中，他沉沉大

▲ 阮籍

醉也没能逃脱充写劝进表的角色。《晋书》本传载：

"会帝让九锡，公卿将劝进，使籍为其辞。籍沉醉忘作，临诣府，使取之，见籍方据案醉眠。使者以告，籍便书案，使写之。"

纵酒、沉醉可以躲避生活中一般的麻烦事，司马氏也还可宽容他，但遇到了关系到政权的大事（如写劝进表），他是躲不过的。为此，近人余嘉锡对他作了尖锐的批评：

"嗣宗佯狂玩世，志求苟免，知囊括之无咎，故纵酒以自全。然不免草劝进之文词，为司马昭之狎客，智虽足多，行固无取。"（《世说新语·笺疏》537 页）

■ 山涛

山涛以他的"介然不群，性好《庄》《老》"（《晋书》本传）与嵇康、阮籍成为竹林之友，但他是积极入世的，《晋书》本传记载：山涛入仕前很贫困，他对妻子韩氏说："忍饥寒，我后当作三公，但不知卿堪公夫人不耳！"可见官至三公是他的人生追求，而早期的竹林之游不过是他隐身自晦的一种方式。

山涛入世很深，心机很重。他本是司马氏的姻亲（山涛的祖姑为司马懿岳母），而司马懿曾封为宣王，他完全可以通过亲戚关系进入政权机构的，但在政局不稳定的情况下，他决不轻率地作出选择。当初司马懿和曹爽同受魏明帝遗诏，共同辅助少主齐王芳。后曹爽专权，并通过天子下诏转宣王（司马懿）为太傅，以此削弱司马氏的力量。双方权力斗争日趋激烈，但政局尚未明朗化，山涛采取观望的态度。到正始八年（公元 247 年），曹爽势力表面上达到顶峰，而司马懿则以退为进，表面上屈处劣势，却在暗中积极谋划，积聚力量，阴养死士三千，伺机反扑。眼看时机成熟，司马懿装病回家，山涛立即警觉到将有重大事件发生，他不愿卷入权力斗争的旋涡，便立即抽身世外。《晋书》本传对此有一段精彩的记述：

（山涛）与石鉴共宿，涛夜起蹴鉴曰："今为何等时而眠也！知太傅卧何意？"鉴曰："宰相三刁、朝，与尺一令归第，卿何虑也！"涛曰："咄！石生无事马蹄问邪！"投传而去。未二年，果有曹爽之事（司马懿发动高平陵政变），遂隐身不交世务。

在高平陵政变中，曹爽集团被消灭殆尽，而当时作为河南从事的山涛则因隐入竹林而安然无恙。待到司马氏掌握了实权，山涛便不失时机地走出竹林，走向朝堂，利用与宣穆后的中表关系投身司马氏集团。《晋书》本传载：

与宣穆后有中表亲，是以见景帝。帝曰："吕望欲仕邪？"命司隶举秀才，除郎中。转骠骑将军王昶从事中郎。久之，拜赵国相。迁尚书吏部郎。

山涛进入了权力机构后，政治上表现得相当成熟，他灵活自如地周旋于两派政治力量之间，《晋书》本传说他先与尚书和迪友好，又与钟会、裴秀亲密相处。和迪与钟会、裴秀争权，山涛公平地斡旋其中，使两派力量各得其所而对他无所怨恨，由此深得文帝信任，迁大将军中事中郎。他受文帝信任表现在两件事上：一件事是当钟会在蜀作乱时，文帝亲自挂帅西征，而当时曹魏政权诸王公都在邺。文帝对山涛说："西偏吾自了之，后事深以委卿。"《晋书·山涛传》命他为本官行军司马，给亲兵五百人，镇守邺。山涛来自曹魏政权，现在让他带兵镇邺，监督曹魏的王公大臣，不受信任的人怎能担此重任！

还有一件是在他任相国左长史，典统别营时，巩固太子位的事。《晋书》本传载：

时帝以涛乡闾宿望，命太子拜之。帝以齐王攸继景帝后，素又重攸，尝问裴秀曰:"大将军开建未遂,吾但承奉后事耳。故立攸,将归功于兄,何如?"秀以为不可,又以问涛。涛对曰:"废长立少,违礼不祥。国之安危,恒必由之。"太子位于是乃定。太子亲拜谢涛。

在立太子问题上,他老成持重,避免了因争太子位而可能会发生的厮杀,而他自己亦由此更受信任。所以当太子位定后,"太子亲拜谢涛"。后他因保护裴秀触犯了权臣,出为冀州刺史。

冀州风气不淳,无推荐人才的习惯。山涛作为冀州的地方长官,到处搜访贤才、隐士,被表彰、推荐的三十多人,皆显名当时。从此,人人都尚贤、慕贤,风俗大变。山涛回朝后任选官十多年,每当有官缺要选人时,常常连提数人列成名单,等到他明白了皇帝的意向后,便顺着皇帝的意向选定一人上奏,故所选官常能称皇帝的心意。有时皇帝所满意的人在后选人名单中并非列在首位,而又被选中了,他人不了解情况,以为山涛选官缺乏原则,还有人为此上书皇帝弹劾山涛。皇帝亲自下诏告诫他:"夫用人惟才,不遗疏远卑贱,天下便化矣。"山涛心中明白,仍依然故我。过了一年,众人也明白了用人的奥妙,便不再有意见。凡山涛所上奏选拔的人都各有品题,时人称为《山公启事》。其处事谨慎、认真可知。

山涛论事颇有远见卓识。平吴之后,皇帝下诏罢天下军役,以示海内大安,州郡撤除军队,大郡置武吏百人,小郡五十人。皇帝在宣武场论武,山涛有病,皇帝下诏准他乘车前往。他与卢钦辩论用兵之道,认为州郡武备

▲ 山涛

不宜撤除，以防不测，议论精当。时人以为山涛虽未学孙吴兵法，而其理论皆合。皇帝亦赞之为"天下名言也"。但并不采纳。永宁以后，各州郡时有动乱发生，都因无武备而不能控制，以至造成天下大乱，而这正是当初山涛所忧虑的。

  山涛立朝亦颇能自律。陈郡袁毅为鬲令时，行为不端，贪污腐化而又贿赂公卿，以求虚誉。他亦送山涛一百斤丝，山涛不愿接受，但又不想显示自己与众不同，就收下而藏之高阁。后袁毅劣迹败露，因于槛车送廷尉论处，官员中凡受贿的，都遭追究。山涛取出所藏丝交付有司，上有积年尘埃，印封如初。山涛的拒贿做得很策略，在贪污受贿成风的年代里，要坚决拒贿以示清白，反而会遭到攻击，受到孤立，所以他收而不用，束之高阁，到关键时刻便上交有关部门，既有助于案件的审理，又能证明自己的廉法奉公。山涛出身贫寒，及位居台辅，身享荣贵时，仍保持贞慎俭约之风，虽爵同千乘，但家无媵媵。凡有赏赐，都资助亲故。魏晋名士，放达成风，纵饮酣醉誉为名士风流。山涛饮酒至八斗后方醉，皇帝想试验一下，就让山涛喝八斗酒，暗中又不断加酒，山涛却根据自己的酒量，喝到八斗即止。

  山涛为官处世尚可称道。他有心机，但只用于保身，使自己身仕乱朝而不致被害，却从未用它去对付别人，他是属于保身而后利国的一类人。（以上材料据《晋书》本传）

■ 王戎

  王戎亦是从竹林走向朝堂的，他位总鼎司，却当官不任职，遇事推诿，而把全部心思用在为自己谋划上。他遇事处世以自我得失为中心，以维护家族利益为准则，而置国家朝廷于不顾，可以说，他是开了西晋士人无操节的士风的。

但他少年时代是出类拔萃的。《晋书·王戎传》说他"幼而颖悟,神彩秀彻"。裴楷说他"眼烂烂如岩下电"。他幼年时卓然不群,确有惊人之处,史传说他六七岁时,与群童一起到宣武场看戏,关在槛中的猛兽大吼一声,山摇地动,众人闻之无不惊慌失措,四处奔突,惟有王戎神色自若,站立不动。坐在阁上的魏明帝见了,甚为赞赏。他又聪慧过人,善于思考,常有奇思。一次王戎与群小儿戏嬉道旁,见路边李树果实累累,众小儿欢喜异常,争相攀树,独有王戎不去。人问其故,他说:"树在道边,果实无人摘,味必苦。"此人不信,咬一口摘来的李子,果如所言。所以《世说新语·赏誉》注引王隐《晋书》曰:"戎少清明晓悟。"

王戎少时卓异,进入官场后虽身居高位,俸禄丰厚,但他却以贪鄙吝啬,聚敛获讥于世。史载南郡太守刘肇向王戎贿赂简中(布名)细布五十端,被司隶纠劾,王戎因消息已走漏,便没有接受,故得不追求,为此朝中议论纷纷。皇帝为他开脱,对朝臣说:"戎之为行,岂怀私苟得,正当不欲为异耳!"但皇帝越为他解释,他就越为人鄙视,名声亦由此大受损。他的聚敛、吝啬也是有名的,史传说他:性好兴利,广收入方园田水碓,周编天下。积实聚钱,不知纪极,每自执牙筹,昼夜算计,恒若不足。而又俭啬,不自奉养,天下人谓之膏肓之疾。《世说新语·俭啬》说他的侄儿结婚,王戎借给他一件单衣,事后就急着向他要回。王戎家有好李,自己舍不得吃,就卖了,又怕别人得了他家的李子种,就向买者要回李核,把它积攒起来。他的女儿嫁给裴颀,结婚时向他借了几万钱。女儿归宁时因没还钱,王戎不给他好脸色,女儿知道他的心思,急忙还钱,他才显得和悦些。王戎吝啬似乎是一种变态心理,而他聚敛的目的又"不自奉养",亦不援助他人,甚至对至亲也锱铢必较,这是怎样的一种心理啊。孙盛《晋阳秋》曰:

戎多殖财贿，常若不足。或谓戎故以此自晦也。

《晋阳秋》是把王戎的聚敛当作韬晦三计的。载逮说：王戎晦默于危乱之际，获免忧祸，既明且哲，于是在矣。可见载逮也把聚敛看作是王戎在乱世中忧祸获免的明哲手段。

我们认为求田问舍、聚敛财富，确是示人以胸无大志、无所作为的手段，但王戎不是属于这种情况，他的贪财、聚敛只能看作是乱世之人出于朝不保夕的恐惧心理，所产生的一种对财富的强烈的占有欲，是一种没落的情绪。

■ 谢安

谢安（公元320—公元385年）字安石，陈郡阳夏（今河南太康）人，与琅琊王氏同为东晋世族之首，世称"王谢"。其父祖辈均为朝廷重臣。谢安少时即知名，屡辞朝廷征召，与高僧支遁、名士王羲之、孙绰等交游，游于山林河海，年逾四十方出仕，历任尚书仆射、中书监、骠骑将军、录尚书事，官至司徒。安善行书，爱吟咏，好音乐，精棋艺，长属文，有文集十卷传世，他的文学艺术修养相当全面。孔毅列"与司马氏共天下的四大名士"，谢安即居其一，且以为"谢安在四大家族中最为成功，声誉也最高"。可以说谢安是中国历史上政治家中最为儒雅而潇洒者之一，其人格特质主要表现在：

1. 仕隐两潇洒

谢安之令时人与后人钦敬仰慕者，出仕与隐逸潇洒自由。谢安的仕与隐应该说主要出于自身意志。他少即受到王导等显贵称赏，名重于世，因此连续不断地接到朝廷或者显要的征聘，但是他爱好大自然，一一拒绝。晋穆帝与吏部尚书范汪等以再不应聘就禁锢终身的计策来逼谢安出仕，但是谢安似早有预料，在使者出发未到时候出游，携带歌女飘然山林，使者寻访不到谢安。有司就弹劾谢安，获"禁锢终身"之令，谢安对此却浑然处之，继续啸傲山水之间。

2. 无为而大为

史书记载，谢安与王羲之共登冶城，王对悠然不急于世务予以否定，而谢不以为然，曰："秦任商鞅，二世而亡，岂清言致患邪？""悠然遐想，有高世之志。"（《晋书》本传）王羲之的观点可谓勤奋政事派，而谢安的观点属于抓大放小的清简派。执政风格虽然不同，然而效果与目标一致。在特殊时期，或许清简的效果更好。东晋的政治局面相当复杂，各种势力此消彼长，为政者只有以"四两拨千斤"的大气大才与大能，方可处乱不惊，稳定大局。庾亮执政，急于事功，结果导致苏峻之乱，差点颠覆东晋王朝就是例证。正是这位一副无为之态的名士成了东晋王朝的中流砥柱。谢安在朝，悠然自处，吟啸不息，专注下棋，书亦特喜，大兵压境而无惊，身临生死而无惧，处理公务而不急。然而在他拖延时日之中，挫败了桓温的"九赐"图谋，在笑谈之中，遏制了桓温"周公故事"的欲念。在京师震恐的情景中，在号称百万雄兵临近之下，正是谢安的"夷然无惧色"，还安然围棋以赌别墅，稳定了军心民心，并以简要的指授，以数万精兵大败前秦百万之师，保卫了东晋。这不仅表现出他的大勇，更是显示出他的大智与大才。

3. 矫情至自然

所谓矫情，就是对常情的抑制。就常人而言，喜怒哀乐一发则会形之于色，魏晋名士特别注意自我情绪的控制能力，

▲ 谢安

谓之雅量或矫情。谢安的矫情特别出名。他的雅量出于大度："谢太傅于东船行，小人引船，或迟或速，或停或待，又放船纵横，撞人触岸。公初不呵谴，人谓公常无嗔喜。"（《世说新语·尤悔》）"常无嗔喜"，显然表现了谢安的大度，而下人工作的糟糕，一般非呵斥不可，如此处所说的，简直令人难以忍受，而谢安竟然毫无反应，足见其度量之特别。他的雅量更是其胆识与才智所致。

4. 博才而睿智

谢安博学多才，而且智慧出众。玄学是当时士人必需之学，谢安对此也有特别的才能。

谢安的人生所昭示的人格风范，仕则总揽朝政，安邦定国，隐则逍遥山河，王命无奈；文能吟诗泼墨，尽洒华美辞章，武能运筹帷幄，指挥若定。笑谈间败强敌固社稷，彬彬间挫权臣保江山，这真是历代文人的极致，成为后代骚人墨客不可企及的楷模，自然而然了。

■ 王羲之

王羲之（公元303—公元361年）字逸少，号澹斋，小字阿菟。祖籍琅琊临沂（今山东临沂市南），后迁徙至浙江山阴（绍兴）。王羲之起官为秘书郎，先后任会稽王友、宁远将军、江州刺史、护军将军、会稽内史、右军将军。最后因为与上司王述的矛盾，永和十一年（公元355年）辞官，以后以游观山水弋钓为乐，隐居养真，采药服食，终于山林。

王羲之是我国历史上最为杰出的书法家之一，被称为"书圣"，其子王献之也是书法名家,被誉为"亚圣"。以王羲之一生的作为与成就，我们可以看到一个多姿多彩的名士形象，其主要特征表现在以下四个方面：

1. 正直伟岸的人格追求

王羲之生前死后都受到人们的尊敬与高度评价。"庾公（庾亮）云：'逸少国举。'故庾倪（庾倩）为碑文云：'拔萃国举。'"（《世说新语·赏誉》）可见当时已有定评，而此评价足以见出王羲之的人格之伟岸。殷浩也是当时名望甚高的名士，评之云："逸少清贵人。吾于之甚至，一时无所后。"（同上）时人评名士阮裕："骨气不及右军。"（同上）所谓"骨气"当指品格中的正直伟岸之气概，也就是《晋书》本传所言的"以骨鲠称"。王羲之"东床袒腹"而成为名士郗鉴的女婿，此一佳话一般以自然释之。其实，这是远远不够的。听到郗家来求女婿，其他王氏少年都有矜持之态，实际上表明他们的欲念驱使他们紧张，或曰努力要表现得"好"一些，内存私欲而行为难免作态。王羲之的袒腹，显然具有坦然正直的人格内涵，无私无欲，无欲则刚，无私则直。

王羲之的书风，也可见其人格。前人之评甚多，现略举一二："羲之书如壮士拔剑，壅水绝流。头上安点，如高峰坠石；作一横画，如千里阵云；捺一偃波，若风雷震骇；作一竖画，如万岁枯藤；立一倚竿，若虎卧凤阁；自上揭竿，如龙跃天门。""道峯雄迈，有威风翔霄，神骥追影之势。""羲之书，字势雄逸，如龙跳天门，虎卧凤阁，故历代宝之。"（以上均见马宗霍《书林藻鉴》卷六）我们不必再作具体分析，从这些品评之语可以看出，王羲之的书法风格具有万钧之力、排山之势，而其风格之由无疑是创作主体的正直伟岸之人格所致。

2. 爱民忧国的拳拳赤子

王羲之自己素无廊庙之志，喜欢清净的大自然，爱好平淡的家居生活，但是他系念于社稷苍生，救民忧国之心，也是相当炽烈的。他在会稽内史任上，冒着极大的风险，打开仓库，将百姓上交的赋税发放给灾民，真是为民父母，不计后果；他在名士风流、饮酒成风的东晋，看到因灾害与战争等原因导致严重的粮食紧张状况，断然下达禁酒之令，节约了谷物，缓解了粮食的紧张；他谏言朝廷复开漕运，以方便百姓，发展生产；他要求严惩贪官污吏，肃清吏治，解救百姓的苦难……

这些足以看出王羲之对社稷百姓的赤子之心，也可以看到东晋名士新的人格形象。明末张溥题其集曰："诚东晋君臣之良药，非同平原辩亡，令升论晋，此乃实为苍生之虑，而非为一家之情也。羲之忠怀，拳拳可感。"

3. 三家兼摄的宽广心胸

东晋是我国历史上儒、道、释三家开始并流的时代。王羲之生活于这样的时代，并以包容并蓄的心态吸收各家营养，成为三家兼摄的名士。著名学者商承祚先生说："羲之的思想不仅儒、道混合，还或多或少受佛家支遁思想的影响。支遁是'即色宗'的代表人物，羲之既然对他倾倒而与之交游，在思想感情上自有交融相通之处，因此，可以更确切地说，羲之的思想是儒、释、道三者的混合物。"王羲之出身于孝道之家，长于官宦之族，自小受儒家思想的深刻影响。

在执政理念上，王羲之更赞成儒家的勤政爱民，对清谈务虚持否定态度。诸葛恢是崇尚儒家旧道的，其家风严守儒家之道。他生前无论如何不肯把女儿嫁给谢家，尽管当时谢家已经是东晋显贵。待其亡，还是与谢家结为婚姻，王羲之前往谢家看新妇："犹有恢之遗法，威仪端详，容服光整。王叹曰：'我在遣女裁得尔耳！'"（《世说新语·方正》）

▲ 王羲之

他对诸葛恢家的遗风深为感叹，可以想见其内心深处的儒家法度的情结。

　　道家思想对王羲之影响也是相当大的。他的家族世奉五斗米道，爱好服食养性，以为服食可以得道，可以延年益寿。到了晚年更是不远千里地到深山采集药石，服食从不间断。他还有巢父、许由之志："刘真长（刘惔）为丹阳尹，许玄度（许询）出都就刘宿。床帷新丽，饮食丰甘。许曰：'若保全此处，殊胜东山。'刘曰：'卿若知吉凶由人，吾安得不保此！'王逸少在坐曰：'令巢、许遇稷、契，当无此言。'二人并有愧色。"（《世说新语·言语》）显然，王羲之对两位名士的贪图物质享受甚为不满，而与轻物质重精神的上古贤士相通。他素无廊庙之志，更喜山水幽林。在自然中优游不倦，乐其所在。他自从辞官始，一直生活于乡间山林，告诉友人其乐无穷。这种彻底的自然之乐，只有老庄的意味相契。

　　王羲之接受释家思想影响当也有征。《世说新语·文学》有这样一段："王逸少作会稽，初至，支道林在焉。孙兴公谓王曰：'支道林拔新领异，胸怀所及乃自佳，卿欲见不？'王本自有一往隽气，殊自轻之。后孙与支共载往王许，王都领域，不与交言，须臾支退。后正值王当行，事已在门，支语王曰：'君未可去，贫道与君小语。'因论《庄子·逍遥游》。支作数千言，才藻新奇，花烂映发。王遂披襟解带，留连不能已。"支道林对《庄子》的阐释明显具有释家的意味与思维方式，这是为哲学史家所公认的。王羲之对这样的阐释，一改素日轻视的态度，立即披襟解带，甚至是情不自禁地"留连不能已"！这样的变化，不仅仅是因为支道林的文章辞采华茂，更重要的是他对以释阐玄的新理由衷地欣喜，可能深中其内心，可以说支理与其内在的佛性玄理高度地契合。自此以后，王羲之与支道林过从甚密，经常一起游处。

王羲之佛教的"色空"观无论逻辑的严密还是思辨的玄妙，都胜过道家。所以，他认为精于佛理，就会看到《庄子》理论的不足，以为"诞漫如下言"。他以自己理解的道教教意与佛理在根本上是一致的，只是有些小的差异，自然表明了这位信奉道教的教徒对佛教的基本态度。他对于佛教"诚心终日，常在于此"，并旦旦而言："足下试观其终！"自己对佛教的虔敬之心早已昭然。这段文字虽然简洁，还不很详细，但是王羲之对佛教的深刻认识与虔诚信奉，已经非常清楚了。

4. 倾心艺术的书画人生

王羲之的书法成就古今罕有其比。究其因，显然与时代的风气相关，更与他以艺术为生命的人生观念和人格理想有关。他的书法风格显示了人格完美时代的名士风度，我们可以从其书法思想中见出他的人格风范：充分表现出书法艺术的主体性。

■ 谢道韫

谢道韫，名韬元，以字行。陈郡阳夏（今河南太康）人。约生于晋成帝咸和（公元326—公元334年）末年，约卒于安帝元兴（公元402—公元404年）后，年过七十。她父亲是谢衰的长子安西将军谢奕，谢安是其叔父，康乐公谢玄是其胞弟。其夫为王羲之之子王凝之，先后任江州刺史、会稽内史、寿将军等职。早年，在东山接受叔父谢安的教诲，深为谢安赏识。安帝隆安三年（公元399年）孙恩破会稽，杀王凝之，后谢道韫寡居。谢道韫早有才名，而且玄谈不逊男子，可以作为东晋名士中女界代表。

生活于东晋时代的谢道韫，适逢时代的风云际会，名士风流盛行江左，江左顶极世家的出身，风流宰相叔父的长期教育以及耳濡目染，都使她沐浴了名士的风泽，成为我国历史上最负盛名的名士才女。虽然因为史书记载的简洁，而且所撰文集三卷也早已散佚，目前仅存数篇留世，因此很难得其详情，但是我们只要仔细寻味，谢道韫的闺中名士风度，林下女豪韵致，还是可以得其大略的。

1. 达人高致

在中国古代，父母之命，媒妁之言是青年男女解决婚姻问题的唯一途径，而且是决不允许有异言异议的。但是生活于东晋的名士女性谢道韫敢于挑战这样的铁定规矩，其胆其识，就是上千年之后的人也望尘莫及，其"达"直通现代。

谢道韫的"达"还表现在有深厚的内在修养，并在气质、举止、神态等方面自然外显的超尘拔俗、飘逸玄远的神韵上。这里也有一则材料："谢遏（谢玄）绝重其姊，张玄常称其妹，欲以敌之。有济尼者，并游张、谢二家。人问其优劣，答曰：'王夫人神情散朗，故有林下风气。顾家妇（张玄妹）清心玉映，自是闺房之秀。'"（《世说新语·贤媛》）两个人的高下实际上是很难比较的。张玄不服也在情理之中。济尼的评价，道出了两者各自的特点，以社会上比较多样化的标准看，自然是"各有千秋"。"清心玉映""闺房之秀"无论外貌还是持家，都是一流新妇。但是在东晋这个社会普遍追求潇洒飘逸的名士风度的时代，济尼的评价中高下、优劣已经相当明确了。"神情散朗"正是名士的韵致，外貌毕竟次之，神采才是名士的要素。"林下风气"就是名士的标志："林下风气其实就是名士风流的神采、韵致，它倾向于追求自然放逸，注重内在气质与自身修养，重识鉴和才辩清谈等，比之'闺房之秀'更高出一筹，更受晋代士人的推崇。"余嘉锡先生于此也明确说："道韫以一女子而有林下风气，足见其为女中名士。至称顾家妇为闺房之秀，不过妇人中之秀出者而已。不言其优劣，而高下自见，此晋人措词妙处。"显然，谢道韫虽为女流，但是她的神采完全符合社会上盛行的名士风度，而且与一般名士相比，她还是胜人一筹的。

在东晋，要称为"达"，那必须精于玄理，长于清谈。谢道韫在这方面也是相当出色的。唐代陈子良注《辩证论》时引《晋录》云：道韫"清心玄旨，姿才秀远"。《晋书》本传载："凝之弟献之尝与宾客谈议，词理将屈，道韫遣婢白献之曰：'欲为小郎解围。'乃施青绫步障自蔽，申献之前议，客不能屈。"这件事充分说明谢道韫的清谈水平为一般名士所不及。虽然她作了人家媳妇之后，不能像原来那样比较自由地参加清谈了，但是她功底深厚，功力犹在。当她发现夫弟王献之与人谈而已露败象时，主动帮助并代他清谈。还是原来的题目和观点，最终敌手无法取胜。在这种场合，以这样的身份，敢于出来与谈客较量，不仅胆识出众，充满自信，突显名士风范，而且最终取胜，更见其名士的才智不凡。不作"闺房之秀"，而成林下女豪。她这种风范，至老犹存。

2. 雅人深致

《晋书·列女传》谢道韫的本传载："叔父安尝问：'《毛诗》何句最佳？'道韫称：'吉甫作颂，穆如清风。仲山甫永怀，以慰其心。'安谓有雅人深致。"

《郑笺》云："大谋定命，谓正月始和，布政于邦国都鄙也。为天下远图庶事，则以岁时告施之。"这两句在艺术上并没有特别之处，对一般人来说也无特别值得欣赏之处，但是非常符合大政治家谢安的身份与心态，体现了一种深谋远虑、指挥若定、安定乾坤的情怀与才气，因此他认为也有"雅人深致"。而谢道韫欣赏的是《大雅·烝民》中结尾的句子，言尹吉甫作工歌之诵，调和人的性情，如清风之化养万物一样，以此来送别仲山甫，因为他将前往齐地筑城，肯定会一直思念故乡，所以用来慰藉其心。这里既有调畅人情、抚慰人心之意趣，也有吉甫自我称颂其意的自赞，与道韫的名士情怀很是相符，而且其中"清风"穆穆，正是林下之韵，真雅人之深致也。道韫所赏，与汉代的经学相去甚远。对这首诗，经学家一般比较重视如"既明且哲，以保其身"等政治色彩较浓的句子，而对于表现人情与自我欣赏的内容不怎么感兴趣的，谢道韫则恰恰相反，这就是魏晋名士与经学、道学不同的趣味。

3. 恢弘气度

从《晋书》本传上记录的一件事，更可以看出谢道韫的青松姿态。孙恩攻破城池，杀了王凝之及其子女。她拿着刀出门，杀了几个乱兵，最终被俘。眼见外孙即将被害，她大义凛然地说："事在王门，何关他族！必其如此，宁先见杀。"连孙恩也不得不"改容"。作为妇人，在根本无理可通的乱兵面前，竟然有如此的胆气与魄力，确实是与东晋其他名士具备同样的人格特质。

4. 山水清韵

东晋后期也是我国山水诗的诞生期。谢道韫也写过山水诗《泰山吟》（《诗纪》作《登山》）："峨峨东岳高，秀极冲青天。岩中间虚宇，寂寞幽以玄。非工复非匠，云构发自然。气象尔何物，遂令我屡迁。逝将宅斯宇，可以尽天年。"这首诗虽然遗留了玄言诗的半写景、半议论的格局，但是写景部分很生动地描述了景象的特征，也具有寓情于景的风致。她的以动写静非常成功，将静态的泰山，以一个"冲"字写得具有生命的活力，从玄学思想角度看具备了经过佛教般若学浸染之后的辩证的审美意识与思维，也更加突出了泰山的不凡与峻峭的气势。对泰山细部的描写，非常明显地表现出"虚""幽"与"玄"的特点。这自然本来就是泰山自身的特点，而道韫之写也写出了清谈名士清淡、幽虚和玄远的神韵。后面的玄言议论，感叹大自然的鬼斧神工，尽申玄学家的"自然"之旨。最能体现其心志的就是"宅心"自然的心胸与理想，她发誓要"建宅"于其中，完全是"天地与我同根"的清远境界，是名士忘怀小我，与天地自然融为一体的高远韵致。这首诗通过写景与议论，表现出这位名士冲静玄远、旷逸自然的人格特质。

5. 咏絮之才

谢道韫的文学才能，目前仅仅能见到作品的，除了前面所引以外，那就只

▲ 谢道韫

有一句了，然而正是这一句，使她的盛名至今不衰，凝固在历史的长河中，成为不朽的丰碑。《世说新语》大概是最早的记录了："谢太傅寒雪日内集，与儿女讲论文义。俄而雪骤，公欣然曰：'白雪纷纷何所拟？'兄子胡儿(谢朗)曰：'撒盐空中差可拟。'兄女(谢道韫)曰：'未若柳絮因风起。'公大笑乐。"显然，才女谢道韫的诗句较谢朗的为优，谢安的大笑乐也是这样的意思。

道韫的诗句之所以为优，一则是因为据实而描述，准确而又生动形象地活写了江南大雪的情形。二则是色泽与形态。谢朗所写，表面看来好像更准确地写出了雪的色泽、大小，而谢道韫的诗句将雪比作柳絮，色泽不似，形态也不甚像。但是，这是漫天飞舞的鹅毛大雪，只能看见天空一片混沌，而下鹅毛大雪时往往同时有不小的北风，其飞舞之姿，其混沌之态，与春天到处飞舞的柳絮真是神似。三则，因为柳絮因风而起的韵致，轻盈、飘逸；如盐巴撒向空中，过于实，让

人联想的是沉重地掉向地面的粒粒白盐,缺乏雅致。所以,谢道韫的诗句会成为千古名句,即便没有任何其他作品传世,仅凭此句,足以不朽矣。

■ 陶渊明

陶渊明(公元365—公元427年)名潜,自号五柳先生,谥号"靖节先生",浔阳柴桑(今江西九江)人。陶渊明曾祖陶侃以功封为长沙公。他早年丧父,母孟氏为名士孟嘉之女。

陶渊明29岁才开始出仕,大抵是祭酒、参军之类的小官,而他又不喜繁文缛节,不堪吏职。他最后的官职是彭泽令,仅仅八十多天就赋《归去来兮辞》,辞官归里。自此躬耕田垄,再也没有出仕过。陶渊明是我国历史上著名的文学家和思想家。今存诗虽仅一百二十多首,赋与文十多篇,但是开创我国田园诗派,而且其作品文显而意深,平淡而味浓。刘廷琛《陶靖节先生祠堂记》说"虽妇人孺子,田夫野老,皆知爱慕"。(《庐山金石会考》卷上)萧统深爱其文,且敬其德,以为读其文者"驰竞之情遣,鄙吝之意祛,贪夫可以廉,懦夫可以立,岂止仁义可蹈,爵禄可辞"!(《陶渊明集序》)可以想见其人格的力量。确实,陶渊明的人格吸引着一代又

▲ 陶渊明

一代人；其人格的魅力有如陈年佳酿，越久越醇。他的人格究竟有什么特别之处，以至于具有如此久远而巨大的魅力呢？这是值得我们深究的。

　　陶渊明给人印象最深的是他的率意纯真。苏轼说："陶渊明欲仕则仕，不以求之为嫌；欲隐则隐，不以去之为高；饥则叩门而乞食，饱则鸡黍以延客。古今贤之，贵其真也。"（《东坡题跋》）仕与隐是士人一生之大节，一般人都会反复掂量，寻找时机，即使真的出仕还要再三推辞，然后正式弹冠相庆，走马上任。隐退也要寻找合适的理由，做到滴水不漏。而陶渊明则一任自己性情，真是率意之至，纯真之极，自然而然。陶渊明的真率自然在他的创作中就有很多的表现。没有苦心经营，不去字斟句酌，而是脱口而出。清代方东树说："读陶公诗，专取其真事、真景、真理，真不烦绳削而自合。"（《昭昧詹言》卷四）甚至有人说他："渊明随其所见，指点成诗，见花即道花，遇竹即说竹，更无一毫作为。"（施德操《北窗炙輠录》）这话是有道理的。陶渊明的诗作，都是道当前之景、当前之事、当前之理、当前之情。这些在诗中随处可见："有酒有酒，闲饮东窗。愿言怀人，舟车靡从。"（《停云》）"人亦有言，称心易足；挥兹一觞，陶然自乐。"（《时运》）"白发被两鬓，肌肤不复实。"（《责子》）我们读着，仿佛直接听着陶渊明就在身边自言自语，而不是什么专门"创作"出来的作品。全然是大白话，全然是口语，就是在韩愈等高唱反对雕琢，提倡"生活化"的作家的散文里也很难看到这样的白话。

　　在士人中崇尚自然而又真正能得自然真趣者，唯有陶渊明。当然他的这种人生追求以及理想的实现，是经历了一段曲折而又痛苦的心灵历程的。

"酒鬼"刘伶

刘伶之所以能加入竹林之游,崇尚庄子的齐物论恐怕是一个原因。他肆志纵酒,放浪形骸,《世说新语·任诞》说:

刘伶恒纵酒放达,或脱衣裸形在屋中。人见讥之,伶曰:"我以天地为栋宇,屋室为裈衣,诸君何为入我裈中!"

言行的狂放正说明他们内心情感的激荡。而狂放的言行不过是内心情感的一种渲泄方式。

刘伶是有名的酒鬼,《晋书·刘伶传》载:

常乘鹿车,携一壶酒,使人荷锸而随之,谓曰:"死便埋我。"其遗形骸如此。尝渴甚,求酒于其妻。妻捐酒毁器,涕泣谏曰:"君酒太过,非辑生之道,必宜断之。"伶曰:"善!吾不能自禁,惟当祝鬼神自誓耳。便可具酒肉。"妻从之。伶跪祝曰:"天生刘伶,以酒为名。一饮一斛,五斗解酲,妇儿之言,慎不可听。"仍引酒御肉,隗然复醉。

从中可见,他的纵酒狂放,他的携酒乘车,"死便埋我"的呓语,又会使人联想到阮籍的驾车独行,痛哭而返的情景,从中可体察到他们内心的苦闷。

第五章
唐宋时期的士人

　　唐宋时期下层士人发展趋势从整体上看，在政治上，出路日渐狭窄，活动空间减少，对皇权的依赖性加强；在经济上，需要独立谋生的人越来越多，物质生活渐趋贫困；在思想上，独立自由的空间减少，完全纳入到政府所掌控的思想体系之中。思想的高度统一，导致逐步丧失其活力，成为"势"之附庸。这些在前文各章节中已分别论述，这里要谈的是唐宋时期下层士人各组成部分的发展趋势。

第一节　唐宋时期士人生存空间与发展

■ 唐宋时期社会变革对下层士人的冲击

唐宋时期是中国古代社会发生重大变革的历史阶段，无论是政治、经济、文化，还是社会观念等方面，都表现出迥然不同的特色。下层士人作为时代的敏感群体，任何方面的变革，都会对他们的生存状态产生影响。

首先是社会结构的变化。唐宋时期是由世俗贵族社会向平民社会转化的重要历史阶段，汉魏以来形成的门阀贵族阶层逐步退出社会各个层面，社会走向平民化。

这一社会变革给下层士人带来很大影响：一是下层士人数量激增，阶层力量迅猛发展壮大。由于门阀势力的消解，打破了门阀士族对士阶层的垄断，士庶阶层之间的界限被打破，各阶层之间流动加快。下层士人作为平民百姓与官僚士大夫之间交汇点和缓冲地带，自然首当其冲地受到冲击。门阀贵族子弟由于丧失入仕的优越性和特权保障，一部分被挡在仕途之外，成为普通下层士人；而一些中小地主子弟，甚至是普通富裕百姓子弟，通过接受教育，参加科举，加入到士阶层之中。但多数都成为分母，填充到下层士人行列。二者交汇于下层士人之处，无疑会增加下层士人的数量。二是部分下层士人丧失家族经济的依赖，经济状况渐趋贫困。门阀大族家族的解体，使社会构成单位由大家族逐步走向个体小家庭，社会组成单位缩小。大家族的解体带来一些下层士人经济状况的变化。唐朝门阀子弟出身的下层士人有家族做经济后盾，在经济上表现出强态。他们多数无需自己独立面对经济生活、自谋职业、养家糊口，而过着一种相对优越的生活。至宋代，个体小家庭成为社会主要构成成分。下层士人多数来源于这些小家庭，家庭承载力十分薄弱。他们无力支付下层士人长期学习和科举的费用，丧失了经济上的依附。所以，他们需要自谋职业，解决生活问题。但自身的原因和社会为他们提供知识转化为财富的渠道狭窄，一些下层士人经济状况陷入窘境。三是下层士人社会基础扩大，来源更加广泛。由于门阀贵族丧失了对文化教育的垄断，汉魏以来形成的浓厚的家学体系被打破，教育走向社会化。更多的平民子弟能够接受教育，参加科举成为可能。唐朝门阀贵族子弟多接受家学的教育，官学时设时废，尤其是地方官学不甚发达，教育的社会化程度比较低。至宋，官学发展到县学，各种形式的学校蓬勃发展，教育完全实现社会化。这就意味着各阶层的平民子弟都有机会接受教育，参加科举，从而扩大了下层士人的社会基础。四是下层士人逐步在基层社会发挥作用，寻找到新的社会结合点。门阀贵族逐步丧失了对地方基层社会的控制，为下

▲ 唐代士人骑马游玩图

层士人在基层社会发挥作用提供了空间。宋朝的一些下层士人在基层社会逐步发挥作用，形成一股新的社会力量。

其次是中央集权向君主集权转变。唐宋时期是中国古代的政治权力由中央集权时代向君主集权时代的转变时期。这一转变对下层士人的冲击是政治出路日渐狭窄，政治活动空间萎缩。君主加强权力的重要措施就是控制官吏的选拔和使用权。在唐朝，地方州郡长官和藩镇有权辟署僚官，这就意味着下层士人入仕为官的途径比较多。下层士人在入仕途径上还有选择的空间，入仕相对地容易。尤其是地方州郡和节度使有自己征辟僚属的权力，为下层士人提供了比较宽泛的入仕渠道。至宋，一切都发生了改变。一方面是鉴于唐末以来地方割据政权利用辟署僚官的权力，扩充自己势力，称雄一方的教训，宋朝统治者将官吏选拔权完全收归中央，实际上是掌控在君主一人手中，这就将下层士人通过地方政权入仕的出路堵死。另一方面是完善科举制度，使其成为官吏选拔的主要渠道。宋朝政府实行一系列完善发展科举制度的措施，使其更加公正、公平，增加科举的吸引力。它将士人中优秀部分吸收到官僚机构中，成为现行政策的既得利益者，服从统治。同时，又实行特奏名制度，对那些逸出者进行羁縻和笼络，实现对这些落第者思想和行为的控制。科举制度的发展与完善对于下层士人来说是双刃剑，一面是科举的相对公平与公正使他们有更多的机会及第，进入官僚机构；另一面则是随着科举逐步成为主要选官渠道，下层士人的政治出路则变得日益狭窄。君主集权的加强，对于下层士人而言，正如韩愈所说："天下一君，四海一国。舍乎此则夷狄矣，去父母之邦矣。故士之行道者，不得于朝，则山林而已矣。"唐宋时期的政治活动空间开始萎缩。

■ 唐宋下层士人的生存困惑

"理解一群人的最好办法是去理解他们为什么东西困扰"。唐宋下层士人面临着诸多生存困惑。首先是仕途上的困惑,在儒家的生存理念中,"仕而优则学,学而优则仕"。"学"与"仕"是互为表里的。"仕"既是"学"的外在目标,也是士理所应当、唯一合理的社会出路与自我价值实现的方式。然而现实社会中,"学"与"仕"的联系不是必然的,多数下层士人穷尽毕生精力去"学",竟无法达到"仕"之目的,二者之间的悖律极大地困扰着下层士人。缪钺先生曾云:在中国古代士人的生存历程中,始终贯穿着两种无法摆脱的内在矛盾,并成为两千年来一直困扰士人心灵的两个情结:一是"道"与"势"之间的矛盾,一是"求知"与"失遇"之间的矛盾。对于大多数下层士人而言,真正关系到生存的不是"道"与"势"的问题,而是"求知"与"失遇"的问题。在宋朝流行的俗语中,人生四大悲之一就是"落第举子心"。落第举子所悲的是"失遇",是人生梦想的破灭。"失遇"不只是落第举子一生永难释怀的情结,也是整个下层士人的共同的遭遇和困惑。

在中国传统理念中,求知为什么?当官。这是中国古代知识分子甚至是整个社会的共识。"仕"被士人视为最基本的职业。但是,官僚选拔是一种精英选拔制度,而非大众化的。尤其是官僚体制承载能力的有限和日渐壅滞,大多数士子都被摈弃在仕途的大门之外。这就注定多数想以此为业的下层士人失业,产生困惑。

造成这种困惑的原因是多方面的,其一是当政者的主观意愿。唐宋时期,由于打破门阀贵族对入仕途径的垄断,当政者欲扩大官吏选拔基础,将更多的人纳入到思想控制体系,所以,极力鼓吹"书中自有颜如玉,书中自有黄金屋",鼓励各阶层子弟加入到读书、科举的行列。

并不断完善科举制度，为每个士子都描绘出一幅美好蓝图，使每个士子看到希望，这就使下层士人在数量上迅猛增加。政府将无数读书人吸引到这一领域，政府选拔官吏可挑选的对象增加。但严格地控制着出口，自然会造成严重的淤积。想当官的人快速增加，而官位数量的有限和缓慢增长，二者之间的矛盾是不可避免的，而且还是自身无法解决的。下层士人数量上的严重过剩，无疑会造成相互之间竞争的加剧，入仕变得更加艰难。生存压力增加，困惑加剧。

其二是制度上的原因。唐宋时期统治者大力兴办教育，使越来越多的平民子弟接受了教育。但所有的教育都围绕着培养官僚接班人这一目的展开，教育目的单一，教育内容也十分狭隘。教育完全成为一种政治行为，将教育牢牢地与政治捆绑在一辆战车上。这样做的直接后果是在这种教育制度下培养的人才，除了会做官之外，无任何一技之长。这些人一旦无法入仕，回归社会后，社会本身也不能为这些士子提供其他更为广阔、合理的社会出路。他们就真正地失业了，成为"知识游民"，生存就面临危机和困惑。最后是思想观念上的原因，这里包括社会观念和个人观念。在儒家传统理念中，"劳心者治人，劳力者治于人"。士人是"劳心者"，应该高高在上，是人上人。全社会对读书的认识也是"万般皆下品，唯有读书高"。这种大的社会环境，使每个读书人很难有一个平和的心态，对读书抱以平常之心。读书后，他们就认为自己高人一等，不愿将自己与其他普通百姓视为同等。一旦无法实现入仕愿望，他们就不能像其他社会阶层那样，扎扎实实地生活在各个层面。他们不安于现状，又无力改变，痛苦和困惑就成为必然。

其三是经济上的困惑。造成唐宋时期下层士人经济困惑的原因是多方面的，首先是家庭依赖的丧失。这在前文分析唐宋时期社会变革对下层士人的冲击时已经提及。其次是下层士人个人生存本领的缺失。士作为四民之首，实质上是一种文化身份而非职业，在现实社会生活中，与这种文化身份相称的纯文化性质的职业较少。尤其是他们所建立的知识体系是以"道德伦理"为核心的文化知识体系，与生活技能无任何关联，这也弱化了其最基本的治生能力。下层士人在生存本领严重缺失的情况下，经济上的困惑就是无法避免的。最后是传统观念的影响。在儒家的社会价值观念中，始终强调着"重义轻利"。在这种价值观念支配下，很多下层士人从内心深处对一些以"利"为主要目的的生存手段产生敌对心理。这群生存能力相对低下的社会群体只好选择所谓的"安贫乐道"，选择这种解讽式的生存方式，内心充满无奈和困惑。

唐宋时期下层士人经济状况有渐趋贫困之趋势，但究竟贫穷到什么程度，值得思考。范仲淹曾说："士人家鲜不穷窘，男不得婚，女不得嫁，丧不得葬者，比比有之。"这里恐怕有很大的夸张成分。唐宋时期下层士人的贫穷应该是相对而言，与魏晋时期士族相比，当然显得十分贫寒。即使宋朝与唐朝的下层士人相比，生活质量都明显地下降。但与其他普通百姓相比，则要优越得多。在中国古代社会，能够读得起书的人，绝不是穷人。张仲礼先生在《中国绅士》中分析中国绅士经济状况时曾说："所谓穷绅士是指家境贫寒，但仍可能优于贫困的百姓。"这不仅适合于近代的绅士，也同样适合于唐宋时期的下层士人。

最后是理论上的困惑。士自生成之日起，儒家先贤们就不断地在理论上为士人悬设了诸多行为标准，试图规范他们的行为。在儒家思想理论体系中，士的理想追求应该是以道义为己任。孔子认为，士人应该将道作为自己安身立命之本，"志于道，据于德，依于仁，游于艺"。"君子谋道不谋食。"应该"笃信好学，守死善道"。为了道的践行，"志士仁人，无求生以害仁，有杀身以成仁"。应具有不惜一切的无畏精神。孟子认为："士穷不失义，达不离道。穷不失义，故士得己焉；达不离道，故民不失望焉。""无恒产而有恒心，唯士为能。"然而，所有这一切毕竟都是理论上的规定，是告诉士人应该如何去做。实际上，这些理想的实现不仅取决于士人的追求，更取决于现实的社会环境。士人的理想实现程度与君主权力密切相关，即所谓"道"与"势"的关系。二者关系并非对等，而是互为消长。但"道"多数时间处于一种被动状态和弱势，应视君主权力而定。孔子也清醒地意识到这个问题，他给士人找到一条退路，即所谓的"天下有道则见，无道则隐"，"邦有道，则仕；邦无道，则可卷而怀之"。即由"外王"转为"内圣"，加强自身修养，要"非礼勿视，非礼勿言，非礼勿动"。通过道的原则约束自身，作到将外在的规定内化为自觉要求，以缓和"道"与"势"的冲突。儒家这种理论在唐宋时期遭遇尴尬，此时的中国政治开始由中央集权向君主集权转化，君主权力日益膨胀，士人政治活动空间萎缩，"道"与"势"已经严重失衡。士人阶层整体的思想都完全被纳入到君主为他们所规范的思想体系之中，丧失了精神的独立性。"道"成为"势"的附庸，士的身份开始由为帝师、为帝友向为帝臣、为帝奴转化。面对如此境地，士人阶层对儒家理论开始产生困惑，尤其是政治出路日渐狭窄的下层士人，"仕"对于他们而言只是可望而不可即的梦想，那么，实现"道"就更无从谈起。在他们的人生旅途中，只剩下自我修炼式的"隐"或"卷而怀之"了。儒家"内圣"而"外王"的自我价值实现理念失去存在的途径，对于众多下层士人而言，只有"内圣"之路，而无"外王"之道。自幼习读和崇尚的儒家之道无彰显之处，甚至出现严重的缺失，使很多下层士人对儒家的理论产生困惑和怀疑。尤其是这种困惑在社会变革中进一步深化，直接影响着下层士人的人生观和价值观。他们对儒家理论由崇信转为怀疑，甚至是嘲讽和批判。如南宋太学生曾作《劝行乐表》云："周公欺我，愿焚《酒诰》于通衢；孔子空言，请束《孝经》于高阁。"在这种看似调侃和玩笑中，蕴含着他们对儒家先贤存在的价值和人生价值观的怀疑，也是他们对人生的感悟和困惑。

第二节　唐宋下层士人的游历与游学

■ 唐、五代下层士人的游历生活

　　游历是唐、五代时期很多下层士人生活的重要组成部分，游历时间的长短视个人情况而定。一些举子落第后，为了节省时间，更好地准备参加明年的考试，客居他乡，温课备战。主要是客居在京城或离京城较近的地区。这些客居他乡的举子多数生活得都很艰难。如唐孙樵在他的《寓居对》中描写他落第后在长安寓居时生活写道：

　　长安寓居，阖户讽书。悴如冻灰，癯如槁柴，志枯气索，怳怳不乐。一旦有曾识面者，排户入室，咤骇唧唧，且曰：惫耶饿耶？何自残耶？对曰：樵天付穷骨，宜安守拙，无何提笔，入贡士列，抉文倒魄，读书烂舌，十试泽宫，十黜省司，知己日懈，朋徒分离。矧远来关东，橐装锁空，一入长安，十年屡穷。长日猛赤，饿肠火迫，满眼花黑，晡西方食。暮雪严冽，入夜断骨，穴衾败褐，到晓方活。

　　久试不第，十年长安的寓居生活，知己朋友疏远，囊空如洗，饥寒交迫，以至"悴如冻灰，癯如槁柴"，活脱脱一个落魄潦倒的穷书生形象。这种情况不止孙樵一个人，晚唐诗人曹邺在《下第寄知己》诗中也曾慨叹：

　　举头望青天，白日头上没。

> 归来通济里，开户山鼠出。
>
> 中庭广寂寥，但见薇与蕨。
>
> 无虑数尺躯，委作泉下骨。
>
> 唯愁揽清镜，不见昨日发。

曹邺从桂林来京赴考，屡试不第，只好寓居长安。他居住的通济里在长安城南，已接近终南山，地处偏僻，远离闹市。他的居处寂寥，整日与薇蕨为伴。家无长物，山鼠进进出出，可见其孤独与穷困。及第后想起这段经历，他痛心地说道："僻居城南隅，颜子须泣血。沉埋若九泉，谁肯开口说。"

他认为他的困苦连颜渊都无法忍受。杜荀鹤也曾有此经历，他在《长安冬日》写道：

> 近腊饶风雪，闲房冻坐时。
>
> 书生教到此，天意转难知。
>
> 吟苦猿三叫，形枯柏一枝。
>
> 还应公道在，未忍与山期。

寒冷的腊月，风雪交加，空房冷屋，书生独坐，令人心寒。

一些举子为了解决生活问题，寄住在各地寺院中。《唐摭言》卷七记载：

> 王播少孤贫，尝客扬州惠昭寺木兰院，随僧斋飡。诸僧厌怠，播至，已饭矣。韦令公昭度少贫窭，常依左街僧录净光大师，随僧斋粥。徐商相公尝于中条山万固寺泉，入院读书。家庙碑云："随僧洗钵。"

也有一些落第举子寄住在亲友家，寄人篱下，如前文提到的孟员外等。

这种经历刻骨铭心，成为士人难以忘怀的伤痛。韩愈在回忆其困居长安经历时就深切地感叹道：

▲ 韩愈

仆在京城八九年，无所取资，日求于人，以度时月。当时行之不觉也，今而思之，如痛定之人思当痛之时，不知何能自处也。

他们选择留在他乡，既是一种无奈，也是对未来还抱有一定的幻想，正如杜荀鹤所梦想的"还应公道在，未忍与山期"，总是盼望着有朝一日能飞黄腾达。

如钱塘人章碣在《下第有怀》写道：

故乡朝夕有人还，欲作家书下笔难。
灭烛何曾妨夜坐，倾壶不独为春寒。
迁来莺语虽堪听，落了杨花也怕看。
但使他年遇公道，月轮长在桂珊珊。

他们盼望着有一天能够"遇公道"，实现自己月中折桂的心愿。正是科举这条无形枷锁将他们牢牢锁住，为此耗尽青春年华。真是"赚得英雄尽白头"。

唐、五代下层士人选择客居是长期游历，还有一部分是短期游历。下层士人漫游的目的多种多样，为延誉而游，为求宦而游，为求学而游，为求丐而游等等，很多都是不得已而为之。当然也有一些人出于雅兴，为游览山水而游。这构成唐、五代下层士人独特的游历现象，唐朝人自己将这种现象称之为"壮游"。

唐、五代的下层士人游历所至，除京城及附近外，还有其他一些地区。例如：于武陵，杜曲人，"大中时，尝举进士，不称意，携书与琴，往来商洛、巴蜀间"。韦弇"开元中举进士下第，游蜀""代国公郭元振，开元中下第，自晋之汾""明经赵瑜，鲁人，累举不第，困厄甚。因游泰山，祈死于岳庙""咸通初，有进士张绰者，下第后多游江淮间""秀才权同休，元和中落第，旅游苏湖间"。范阳卢献卿，唐大中举进士，"连年不中第。荡游衡湘"。豆卢署，"贞元六年举进士下第。将游信安，以文谒郡守郑式瞻"。"唐处士周顗洪儒奥学，偶不中第。旅浙西"。仅此数例，游踪即已遍及商洛、巴蜀、晋汾、齐鲁、江淮、苏湖、浙西、衡湘等地。由此亦可想见，唐代下层士人游历人数之多与范围之广。究其根本，皆为利往。正如郑仁表《题沧浪峡榜》所云：

> 分峡东西路正长，行人名利火燃汤。
>
> 路傍著板沧浪峡，真是将闲搅撩忙。

这种动荡不安给下层士人生活带来严重的影响。

唐代下层士人不仅常年流落在外，甚至还有一些人客死异乡。如晚唐颇富诗名的来鹏，凡十上不得第，"时遭广明庚子之乱，鹏避地游荆襄，艰难险阻，南返。中和，客死于维扬逆旅，主人贤，收葬之"。诸王之孙李洞，昭宗时凡三上不第，"果失意流落，往来寓蜀而卒"。范阳卢献卿，"连年不中第。荡游衡湘，至郴而病""旬日而殁，郴守为葬之近郊，果以初夏，皆符所梦者"。

洪迈《容斋随笔》五笔卷二《唐曹因墓铭》记南宋江西信州一个村庄，出土一块唐碑，"乃妇人为夫所作"。写道：

> 惟公三举不第，居家以礼义自许。
>
> 及卒于长安之道，朝廷公卿，
>
> 乡邻耆旧，无不太息。

一幅幅凄惨的举子行役图，多少举子就是在水驿、城楼之间辗转往返中度过青春，迎来白发，甚至客死异乡，真实再现着举子哀婉凄凉的生活。

■ 宋代下层士人的游学生活

宋代由于科举制度本身的变化，下层士人无须游历，免除了一些客居漂泊之苦。但多数的宋朝下层士人在科举之前，也都有或长或短的游学经历。

宋代是以经学为主流文化的时代，经学的师承性要求每个读书人都有自己的老师。一些下层士人出于科举或其他需求，不辞辛苦，千里迢迢寻觅名师，成为他们生活中一段重要的经历。如神宗时期的英德人石汝砺"自以生长岭嶠，局于闻见，乃踰岭而之江西，从闻人游，久而有得"。邵武人吴说"闻泰山孙复以《春秋》教授弟子，徂徕石介师事之，遂不远千里赢粮跣足走京师，从二人游"。邵武人莫说"自闽陬数千里外，裹粮跣足至京师，从泰山游，已而从徂徕游，讲明道学"。

宋代下层士人游学时间视个人情况而定，因为这阶段的学习不是基础知识的学习，而是处于提高阶段，所以，一般不需要太长时间。多则十几年，少则一年，甚至是几个月。另外，家庭经济实力减弱，无力支付常年在外求学的费用。而且，更多的下层士人还要承担一些家庭的经济责任，所以，他们不可能像唐朝下层士人那样常年在外游历。《春渚纪闻》卷十中的一则记事能够形象地说明这一问题：

朝奉郎军器监军丞徐建常，余姊丈也，建安人。其父宣义公，故农家子。后以市药为生，性好施惠，遇人有急难，如在己也。贫乏求济，倾资与之不吝焉……是岁，建常生。至年十四始令从其姊丈陈庸器读书，且嘱之曰："吾待汝十年游学，若至期不第，即还代我掌药肆也。"建常十八岁考中上舍高等，二十四果于李常宁榜中登科，如公约也。

徐建常的家庭给他的期限是从求学到及第十年时间，否则就不能再考，必须回家从业。这里虽然有家庭对徐建常的有意约束，但也说明没有相对殷实的家庭经济做后盾，想在外游历，常年科考也是不可能的。

那么，宋朝下层士人在外期间生活状况如何呢？我们基本可以用一个词来概括——清贫。宋代下层士人从师学习多数属于个人行为，他们需要自己解决生活问题，所以会出现自带干粮求学的现象。如前文吴说"赢粮跰足走京师"、莫说"裹粮跰足至京师"。他们在京师的状况也很清贫。

以上这些叙述中，那些在书院求学的下层士人生活状况比师从个人的要好一些，无需自己操劳，生活基本有保障。但这毕竟只是求学的下层士人中的少数，多数求学的下层士人都要经历几年清苦的游学生活。

第三节　唐宋时期士人代表人物

■ 骆宾王

骆宾王，字观光，此字出自《周易·观卦》六四"观国之光，利用宾于王"。他的名字，饱含了他的父辈对他的厚望，希望他能得仕进，"宾于王家"，做出一番大事业。

骆宾王自幼聪慧，受过良好的教育。七岁时就作了有名的《咏鹅》诗："鹅、鹅、鹅，曲颈向天歌。白毛浮绿水，红掌拨清波。"后来因父亲做了博昌县令，他便到那里求学。博昌古属齐地，因此他受齐、鲁学风影响颇深。

▲ 骆宾王

以骆宾王之才，博取个进士及第似乎应是没有问题的。但是，他却没有闯过这一关。后来好不容易在长安取得一官半职，过了几年颇为潇洒的生活。他在《畴昔篇》中对这几年的生活充满了温馨的回忆："九陌争驰千里马,三条竞骛七香车。掩映飞轩乘落照,参差李障引朝霞。池中旧水如悬镜,屋里新妆不让花。"大概因为生活不甚检点吧,他被免了官。

后经人推荐,骆宾王到豫州做道王李元庆的幕僚。李元庆是高祖李渊诸子中较有作为的一个。他对骆宾王颇为器重。三年满了,按规定要考察工作成绩,以决定升降,道王采取新的做法,要他"自叙所能",大概类似于今天作个自我鉴定。这在当时是破天荒的。古代考察官员的工作成绩,都是由上级单独进行的。唐太宗于贞观十三年(公元639年)曾提出让人自荐,以选择人才。魏征认为不可,因为会增长矜善伐能、浇薄竞争之风。此事便停止了。道王要下属"自叙所能",和唐太宗让人自荐,性质虽然不同,精神却是相通的。应该说,这种突破传统的做法,是有利于士人发挥自己的能力,提高自己的地位的,是有利于增长士的自觉意识和自主精神的。当然,也有其负面的作用,魏征所着眼的就是负面的作用。骆宾王受传统思想浸渐极深,对"自叙所能"抱着和魏征相似的看法;而他所处的位置却和魏征不同,魏征是和唐太宗讨论政策、措施,而他是被考察工作的对象。他贸然给道王上了《自叙状》,不是对自己的工作做个鉴定,而是大谈这种做法不对。

本来实事求是地评估一下自己的能力与业绩,让上级能够更全面地考察自己,是无可厚非的。骆宾王却一定要说这样做是让自己自卖自夸,玷污高节;而君本应有知臣之明,不须由臣自叙所能。这种做法,想来不会使道王高兴的。他在道王府又干了三年,以后便赋闲了。

一贯锐意获取功名的骆宾王,为什么这样反对"自叙所能"呢?早年他为取得乡贡资格以便进京参加进士考试时,曾"轻用自媒",写信给瑕丘令韦某,自称"九流百氏,颇总缉其异端;万卷五车,亦研精其奥旨"（见《上瑕丘韦明府启》）。此次赋闲之后，也曾写信给以太常伯兼右相的刘详道，想借重他的名望，请他举荐以达到出仕的目的，深望"一顾之隆，驽足（指驽马）逾于仙鹿；片言之重，鱼目轶于灵蛇（指随珠）"。这些做法，和"自叙所能"有什么本质上的不同呢？从今天来看，恐怕很难说有根本性质的区别。但在唐代，请人举荐，是家常便饭；而自叙所能，却是士人所羞为。骆宾王不能跨越这个藩篱。他没有应时而动的勇决，便只有抒发怀才不遇的不平了。

垂拱年间，他任宣慰叶蕃使，辞行时，武后说："久闻尔名，谓为古人，乃至朝邪！境外事不足行，宜留待制。"即下诏入阁供奉，一直做到正谏大夫，兼右控鹤内供奉。但他认为古无所谓控鹤之官，而授任者都是浮狭青年，上疏请罢，忤旨，左迁，后又出为刺史，复入弘文馆为学士，因武三思忌贤，再次出为刺史，所至孔化大行。他并不是阿谀之臣。

睿宗初，拜为太子右喻德，兼学文馆学士，累封至平原郡公。后来，骆宾王因事辞官隐居山野。

一段时间后，骆宾王再度求仕，经多番努力，重新入朝，当个职位极卑下的奉礼郎，后又兼东台详正学士。不知怎么搞的，不久他又蒙冤而罢去了详正学士的官职。这时，他决定从军了。他羡慕"剑匣胡霜影，弓开汉月轮。金方动秋色，铁骑拍风尘"。（《咏怀古意上裴侍郎》）那样的军营生活，甚至幻想"勒功思比宪（窦宪），决策暗欺陈（陈平）"（同上），以为顷刻便能建功立业。

他带着激越的浪漫情调和急切的立功心理从军西域，开始时他还意气风发，吟诗"壮志凌苍兕，精诚贯白虹。君恩如可报，龙剑有雌雄"（《边庭落日》）。接着便由于他对边庭的艰苦生活缺乏充分的思想准备而沮丧起来,他对自己的决定也后悔了。"行叹戎麾远,坐怜衣带赊。交河浮绝塞,弱水浸流沙。旅思徒漂梗,归期未及瓜。宁知心断绝,夜夜泣胡笳"。(《晚度天山有怀京邑》)"有志惭雕朽,无庸(同用)类散樗。关山暂(急速)超忽,形影叹艰虞。结网空知羡,图荣岂自诬"?(《久戍边城有怀京邑》)

多年的军旅生活结束后,他得到的仅是武功县主簿的职务,相当失意。不久,吏部侍郎裴行俭出为洮洲道左二军总管,裴举荐骆为军中书记。军中书记职务比县主簿高,这对骆来说是晋升的好机会。但骆为了奉养老母,以弥补多年奔走边关不能养亲的遗憾,推辞了。裴行俭也因情况变化没能成行。

骆宾王的母亲逝世之后,骆似乎得到某种解脱,他不必再委屈求全了。在他当侍御史期间,多次上疏言事,得罪了武则天,结果是诬陷他任长安主簿时犯贪污罪,下狱。他真是悲愤欲绝,高声呐喊:

紫禁终难叫,朱门不易排(推开)。惊魂闻落叶,危魄逐轮埋(用后汉张纲埋轮洛阳都亭,弹劾大将军、河南尹之事)。霜威遥有厉,雪柱更无阶。含冤欲谁道,饮气独居怀。(《畴昔篇》)

传诵千古的《在狱咏蝉》就作于此诗,诗云:

西陆蝉声唱,南冠客思侵。那堪玄鬓影,未对白头吟。露重飞难进,风多响易沈。无人信高洁,谁为表予心。

后来遇赦出狱,降职作临海丞。前面提到的《钓矶应诘文》就作于赴任路上。此时的骆宾王早已饱尝了被钓之苦,他期望自己能当一回钓鱼的太公。由于他对武则天的专权心怀不满,谢绝了程务挺的举荐,有"万里烟波,举目有江山之恨;百龄心事,劳生无暑刻之欢"(《与程将军书》)的感慨,参加徐敬业的武装反抗,也就成了题中应有之义了。

他代徐敬业起草的讨伐武则天的檄文，可以说如江河奔涌，大气磅礴。如果不是胸中积满了巨大的愤怒，文才再高，也形成不了这样的文字。据说，武则天读这篇檄文，开头只是嘻笑，至"一抔之土未干，六尺之孤何托"时，矍然问道："是谁写的？"回答说是骆宾王，武则天说："宰相安得失此人！"（见《新唐书》本传）可见此文的力量震惊了武则天。文末两句："试看今日之域中，竟是谁家之天下！"是千古振奋人心的雄文。

可是，这篇《代李敬业传檄天下文》（敬业本是徐姓，其祖徐世勣以功劳卓著赐姓李）恐怕是骆宾王文集中最后的辉煌了，也恐怕是徐敬业武装反抗事件中唯一的辉煌。这次武装反抗迅速失败，徐敬业被杀，骆宾王也不知所终，或谓客死南通，或谓终老义乌。

综观骆宾王的一生，他的正义感与求仕心缠绕在一起，使得他一次又一次浮沉于宦海之中，"势牵于人，道穷乎我"，成为他自己的写照。

■ 王维

王维生当盛唐，这是他的幸运。他富于才华，二十一岁就顺利地考中了进士，解褐为太乐丞。可是就在这一年，因太乐署中伶人舞黄狮子事受到牵连，贬为济州司仓参军。这以后的数年间，他"穷边徇微禄"（《宿郑州》），自济州到淇上做他的小官。从他这段时间的诗作中看不出他有什么政绩，相反，却能看出他已有了归隐的倾向。他在《偶然作六首》之三中写道：

日夕见太行，沉吟未能去。问君何以然，世网婴我故。小妹日成长，兄弟未有娶。家贫禄既薄，储蓄非有素。几回欲奋飞，踟蹰复相顾。孙登长啸台，松竹有遗处。相去讵几许，故人在中路。爱染（《大般若经》于妙欲境,心不爱染)日已薄,禅寂日已固。忽乎吾将行,宁俟岁云暮。

看来他对做官并无多大兴趣,更无雄心壮志,只是因为小妹未长大,兄弟未成家,为维持生计,薄禄之官也得勉强为之。而心中摆脱爱染,向往禅寂之念已甚坚牢,很想早日付之实行。

据陈贻焮先生的考证,王维至迟于开元十七年(公元729年)回长安担任秘书省校书郎之职。但他对自己能回京师任职并不感到十分欢欣鼓舞。他回来后,急切做的一件事是到大荐福寺大德道光禅师座下学顿教。据《大荐福寺大德道光禅师塔铭》记载,道光禅师于开元二十七年涅槃,王维在其座下,"俯伏受教"达十年之久。这十年中,王维是身在朝堂而心存世外。另外,他的友人孟浩然于开元十六年到长安应进士试落第,十七年返襄阳前作诗《留别王维》有"寂寂竟何待,朝朝空自归。欲寻芳草去,惜与故人违"几句,王维开导他说:

杜门不欲出,久与世情疏。以此为长策,劝君归旧庐。醉歌田舍酒,笑读古人书。好是一生事,无劳献《子虚》。(《送孟六归襄阳》)

对好友孟浩然的落第,王维不仅没有愤慨或同情的

▲ 王维

表示，反而还劝他"归旧庐"。《新唐书·孟浩然传》说：孟浩然在长安，被朋友王维私自邀至内署，恰逢玄宗皇帝来到，孟浩然躲在床下。玄宗知道后把他叫了出来，让他诵读他自己写的诗，这本是孟浩然仕进的好机会，孟浩然便念了那首《岁暮归南山》诗。玄宗听了，并不同情他的落魄不遇，也不能理解他的"永怀愁不寐"，而是极不高兴地说："卿不求仕，而朕未尝弃卿，奈何诬我！"于是孟浩然被放还襄阳。葛立方在《韵语阳秋》卷十八说："或谓维见其胜己，不肯荐于天子……使维诚有荐贤之心，当于此时力荐其美，以解明皇之愠，乃尔嘿嘿？"葛立方对王维的批评，是因为他不了解王维的思想。王维自己就并不热衷于仕途，恐怕不存在与人争胜之心。他不推荐孟浩然，大概是推己心而及于人吧。

开元二十三年（公元735年），贤相张九龄推荐王维为右拾遗，为此，他写了《献始兴公》一诗，诗云：

宁栖野树林，宁饮涧水流。不用食粱肉，崎岖见王侯。鄙哉匹夫节，布褐将白头。任智诚则短，守仁固其优。侧闻大君子，安问党与雠。所不卖公器，动为苍生谋。贱子跪自陈，可为帐下不。感激有公议，曲私非所求。

他称赞张九龄的公心，愿意为他工作，而仍然表示自己有匹夫之节，以归山林为理想。但不久李林甫就凭着他的口蜜腹剑挑起皇室内部的纷争。乱中擅权，张九龄却被贬荆州。王维目睹了这一场邪恶压倒正义的宦海风波，十分后悔自己的"少年识事浅，强学干名利"（《赠从弟司库员外》），并激愤地表示："明时久不达，弃置与君同。天命无怨色，人生有素风……微物纵可采，其谁为至公？余亦从此去，归耕为老农。"（《送綦毋校书弃官回江东》）官场的黑暗，迫使王维得认真考虑一下今后的进退出处了。他敬仰居陋巷而安贫乐道的颜回,也神往陶渊明的田园生活,他在《田园乐七首》之五中说:"一瓢颜回陋巷,五柳先生对门。"说得最多的还是陶渊明。《偶然作六首》之四中说:"陶潜任天真,其性颇耽酒……奋衣野田中,今日嗟无负。兀傲迷东西,蓑笠不能守。倾倒强行之,酣歌归五柳。生事不曾问,肯愧家中妇。"

《早秋山中作》一诗云:

无才不敢累明时,思向东溪守故篱。不厌尚平婚嫁早,却嫌陶令去官迟。

王维一再赞扬陶渊明弃官归隐的高士品格,并表示愿与他结邻而居,但他最终既未归耕田园,也未深居陋巷。诗人们写诗,常有兴到之笔,其实是不会真的去做的。王维害怕贫穷。他从来就把做官看作是取得优裕生活的一种职业,他不想放弃这一职业,他决定走隐于朝堂之路。《漆园》一诗云:

古人非傲吏,自阙经世务。偶寄一微官,婆娑数株树。

王维是深得"偶寄一微官,婆娑数株树"这一生存方式的妙处的。他的这一想法在《暮春太师左右丞相诸公于韦氏逍遥谷燕集序》中也有所表现,他说:

不废大伦,存乎小隐,迹崆峒而身拖朱绂,朝承明而暮宿青霭,故可尚也。此序写在开元二十四年(公元736年),李林甫擅权,张九龄、裴耀卿被排挤出京师。行前,他们在韦嗣立的山庄逍遥谷之燕宴。王维预会,写了此序。表面看来,写的是中宗朝黄门侍郎韦嗣立的事,据《新唐书·韦嗣立传》记载,"韦嗣立有山庄在骊山鹦鹉谷,中宗幸之,封嗣立为逍遥公,谷为逍遥谷,中宗留诗,从臣属和,嗣之并镌于石,请张说为之序,薛稷书之"。张说序云:"岚气入野,榛烟出谷。鱼潭竹岸,松斋药畹。虹泉电射,云木虚吟。恍惚凝梦,间关忘术。兹所谓丘壑夔龙，衣冠巢许也。"（《唐诗纪事》卷十一"韦嗣立"条）实际上，正表明王维对"丘壑夔龙，衣冠巢许"这种亦官亦隐的处世方式的认同。在他看来愤世嫉俗如庄子这样的人，尚且不拒绝漆园吏这一小官，而能婆娑于数株树之间自得其乐，何况他毕竟生活在盛唐。尽管亲历宦海风波，目睹官场黑暗，但总没有像陶渊明那样对官场充满厌恶之情，不必要与官场彻底决裂。所以他选择了亦官亦隐的生活方式，在不废君臣大义的前提下去充分享受青山暮蔼的隐逸之趣。

亦官亦隐的生活方式在唐代是一种普遍的现象。早于王维的韦嗣立、宋之问就是这样。他们既在朝做官，又有自己的山庄别业。在朝是官，退朝后回到山庄便是隐士，自可享受山林之乐，写写隐逸诗篇，可以说这是唐代的一种风尚。宋之问有诗云："圣朝容隐逸，时得泳南熏。"（《题雷琴二首》之二）就是说的这种情况。鲁迅说过："中国是隐士和官僚最接近的。那时很有被聘的希望，一被聘，即谓之征君；开当铺，卖糖葫芦是不会被征的。"（《帮忙文学与帮闲文学》）鲁迅说的实际上就是所谓的"终南捷径"。但隐士和官僚的接近还有另一层含义，即只有做了官僚，拿了俸禄，建造了山庄别业，才可能真正的逍遥当隐士，这就是常说的："小隐隐林薮，大隐隐朝市"。

当然，同样是亦官亦隐，侧重面却各不相同。如韦嗣立，以做官为主，隐逸是官场生活的调剂和补充，因为他是热衷于做官的；而王维，从他写的大量山水田园诗来看，是以隐逸为主的，做官仅仅是为了取得隐逸生活的经济保障。所以在他的诗中很少有反映为政的篇章。

■ 李白

李白是个真正的诗人。他才华横溢，热情奔放，豪气凌云。他生性耿直率真，疏狂高傲，酷爱自由。惟其如此，他可以做大诗人，却绝对做不成好官员。可悲的是，他并不了解自己，也不了解社会。他不能理智地根据自身的条件设计一条适合于自己的人生之路，而是从诗人的浪漫和幻想再加上儒家的事君之道和荣亲之义出发，为自己选择了一条不该属于他的人生之路：从政。

李白从政之心颇为迫切，而且对自己从政的才能也十分自负。他说："一生欲极主，百代期荣亲"（《赠张相镐》），"苟无济代心，独善亦何益"（《赠韦秘书子春》），他认为自己"文可以变风俗，学可以究天人"（《为宋中丞自荐表》），对当代皇帝，他有一颗赤子之心。他说："遥望长安日，不见长安人……一朝复一朝，发白心不改。"（《单父东楼秋夜送族弟沈之秦》）但李白这种强烈的从政之心、济世之情又时时受到道家思想的干扰，当他想积极入仕，去建立功业的时候，又常浮起世事无常的感慨。于是又有了"功名富贵若常在，汉水亦应西北流"（《江上吟》），"古来圣贤皆寂寞"（《将进酒》）以及"古来万事东流水"（《梦游天姥吟留别》）的低徊吟唱；这种强烈的空寂感，又推着李白走向学道求仙以及浪游、纵酒、归隐这一消极出世的方向。所以他的诗中就有"人生得意须尽欢，莫使金樽空对月"（《将进酒》）的豪饮；有"日暮醉酒归，白马骄且驰。意气人所仰，冶游方及时"（《咸阳二三月》古风第八）的纵马行乐；更有"荣华东流水，万事皆波澜。白日掩徂辉，浮云无定端。梧桐巢燕雀，枳棘栖鸳鸾"（《登高望四海》古风第三十九首）的世事无常的感慨。

这些思想又都与他积极进取、追求功名的愿望相对立。那么李白又如何从自身的矛盾中寻求一条既能建功立业，又能发展自我的人生之路呢？他是从幻想中而不是从现实中为自己安排了一条先从政、后引退的路。

▲ 李白

他的功成身退的思想也与他对统治者的本质有清醒的认识有关，他在《行路难》三中说："吾观自古贤达人，功成不退皆殒身。子胥既弃吴江上，屈原终投湘水滨。陆机雄才岂自保，李斯税驾苦不早；华亭鹤泪讵可闻，上蔡苍鹰何足道？"看来他对君臣之间的微妙关系是深有感触的，对那种"狡兔死，走狗烹；高鸟尽，良弓藏；敌国破，谋臣亡"（《史记·淮阴侯列传》）的历史惨剧是有警觉的，因此他决不会贪禄恋栈。

只可惜李白第一次从政没有多长时间就被放还了。李白放还的原因，以君王的角度看，是因为他并无安邦定国之才，"上亦以非廊庙器，优诏罢遣之"（《本事诗·高逸》）；从同僚的角度看，是蒙受了毁谤之言，"丑正同列，害能成谤"（李阳冰《草堂集序》）；从他本人的性格看，是过于狂傲，"戏万乘若僚友，视俦列如草芥"（苏轼《李太白碑阴记》引夏侯湛《东方朔画赞》语）。

李白令高力士脱靴的故事，是其狂放倜傥的极致，在中国士人风采的审美史上，放射着永不暗淡的光芒。多少备尝屈辱的士人，也借这个故事得以在精神的领域暂得昂首伸眉之乐。这件事情可能是史实。只是它却成了李白放还的导火线，并不如小说和戏剧那样充满了亮色。《旧唐书》本传说："（李白）尝沉醉殿上，引足令高力士脱靴，由是斥去。"《唐国史补》卷上也说："（李白）后对御，引足令高力士脱靴，上命小阉排出之。"

李白第一次从政就这样失败了。失败给他带来了深沉的痛苦。"未夸观涛作，空郁钓鳌心。举手谢东海，虚行归故林"(《赠薛校书》)"金樽清酒斗十千，玉盘珍羞直万钱。停杯投箸不能食，拔剑四顾心茫然"(《行路难》三首之一)"大道如青天，我独不得出……行路难，归去来"！(《行路难》三首之二)他把痛苦的呐喊熔炼成这些传诵千古的诗句。

李白很神往春秋战国时期的士，他们一席话便能得到君王的大信任，从而建立奇勋。"君不见，昔时燕家重郭隗，拥簪折节无嫌猜；剧辛乐毅感恩分，输肝剖胆效英才"。(《行路难》三首之二)他多么盼望再出现如燕昭王那样渴望人才的君王啊。作为诗人的李白，尽管有如江似海的文才，却缺少审视历史的睿智，他不明白，随着中央集权制的建立，尊士为师为友的燕昭王式的君王已永远不可能出现了。比郭隗才能高千万倍的人物，也永远不可能再享受郭隗所受到的尊崇了。李白从政的失败，与这种错误的认识有密切的关联。这种错误的认识，也使得他狂放的个性不能收敛。

作为诗人，他在从政失败之后，大概是很少诉诸理智作些反思的，他只是诉诸感情化成诗篇以作排遣。他仍然相信："长风破浪会有时，直挂云帆济沧海。"(《行路难》三首之一)据说，他离开长安时，是"高歌大笑出关去"(任华《寄李白》)的，意气仍然十分高昂。这时是天宝三年（公元744年），李白四十四岁，方当盛年，故仍存希望。

十一年后，安禄山造反，生灵涂炭，李白的报国热情又一次升腾起来。他的《古风》五十九首之十九写得很有《离骚》的风味，开始是准备登仙而去：

要上莲花山，迢迢见明星。素手把芙蓉，虚步蹑太清。霓裳曳广带，飘拂异天行。邀我登云台，高揖卫叔卿（神仙名）。恍恍与之去，驾鸿凌紫冥。

这时，他突然看到人间的惨象：

俯视洛阳川，茫茫走胡兵。流血涂野草，豺狼尽冠缨。显然，叛军占领洛阳的消息使李白跌落到人间。

他在报国热情的驱动之下，未作理智上的认真权衡，便贸然参加永王璘的幕府。这是至德二年（公元757年）正月的事。他是怀着"过江誓秋水，志在清中原"（《南奔书怀》）的宏愿从军的。天真浪漫的李白，把永王向东扩展个人的势力看作是为平叛作准备，意气昂扬地写下十一首《永王东巡歌》：

永王正月东出师，天子遥分龙虎旗。楼船一举风波静，江汉翻为雁鹜地。（其一）他毫不怀疑永王东扩是奉天子之命而行事，他为自己能跟上这个战略部署而激动不已，幻想着在这场平叛的战争中能成为运筹帷幄的谢安石式的人物：

三川北虏乱如麻，四海南奔似永嘉。但用东山谢安石，为君谈笑静胡沙。（其二）他期待着永王的部队迅速进攻河南，收复西京：

二帝（指玄宗、肃宗）巡避俱未回，五陵（指高祖、太宗、高宗、中宗、睿宗之陵）松柏使人哀。诸侯不救河南地，更喜贤王远道来。（其五）

就在李白沉浸于热情的幻想中的时候，肃宗已完成击溃他弟弟永王的部署。二月间，永王兵败被杀。仅仅在永王幕府任职一个月左右的李白，背上了永远放不下来的黑祸——附逆，他被判流放夜郎。这位五十八岁的老人步履蹒跚地行走于西南的险山急水之中，历尽艰辛，至乾元一年（公元759年）因关中大旱赦还。遇赦虽然使他一阵狂喜，但附逆的黑祸还是坠着他走向穷困缭倒的老境。一直到千百年之后，任职永王幕府仍是他傥偬人生的一个疵点。李白的第二次从政，比第一次失败得更惨。

李白的一生，如天马行空，任气纵性。他驰骋着天真浪漫的幻想可以写出飘逸瑰丽的诗篇，却无法操作最讲实际、最用心术的政治。一个雄视千古飘逸狂放的诗坛巨人，是无法从事审时度势、察颜观色、绵密深藏的政治活动的。但是，传统的教育却使士人们都觉得自己有从政的能力，都认为从政才是正果。悲剧就这样铸成了。然而，这又使诗人的诗篇蒙上一层悲怆之美。

皮日休《李翰林》一诗称李白是："口吐天上文，迹作人间客。"真是极妙极切的评价。

■ 苏轼

在宋代士人中，苏轼堪称思想最为通达，向往精神自由，气度极为潇洒的文学家；他那随缘自适的生活态度和才情高逸的艺术人格，常为人们所称道。但他在许多文学作品中透露出来的人生空漠、无所寄托之感却又是那么强烈，旷达中隐含着悲凉。虽可在寄情山水的审美创作中寻求解脱，也毕竟只是如梦般的幻美，并不足以完全化解其超然出世之心对社会政治的厌倦，对封建伦理道德行为规范的怀疑。

正是由于看到了苏轼的人生态度及其创作思想中所潜藏的这种离经叛道的危险，目光敏锐严正的朱熹才会对苏轼的为人和为学表示出极大的不满。可他所精心构造的理学大厦，那种大公无私的道心，那种对被称为天理的社会道德律令的内心敬畏，又能在解决现实人生问题中发挥多大作用呢？何以也会有一种说到无言处时的惆怅？

苏轼一生，给我们留下了两千七百多首诗，二百首词，还有大量的散文作品，在宋代文人中属高产作家。他说："某平生无快意事，惟作文章，意之所到，则笔力曲折，无不尽意，自谓世间乐事无逾此矣。"（《春渚纪闻》）之所以如此，在于他那强烈的个性意识和生命情调，难以在现实社会政治生活中舒展开来，只有在自由的精神创造活动中才能得到完满的体现，尽情地表现自我、超越自我，在无差别的审美境界中求得心灵的慰藉和愉悦。

圆满的生活从来没有创造过真正的艺术，作家经历过死的考验，才懂得生的可爱，体验到了痛苦，才知道什么是幸福。苏轼文学创作的两次高峰都是在他仕途失意、生活环境极为艰难的情况下形成的。他现存的词作里，有约四分之一写于贬谪黄州期间，故感情的表达有一种遍被华林的悲怆。如《西江月》："世事一场大梦，人生几度秋凉，夜来风叶已鸣廊，看取眉头鬓上。"《采桑子》："多情多感仍多病，多景楼中，樽酒相逢，乐事回头一笑空。"尽管人生多不如人意，生活也充满了艰辛，但只要具有审美情趣，就能体验到生活的乐趣。如苏轼被贬逐到惠州时有首诗云："为报先生春睡美，道人轻打五更钟。"据说诗传到京城后，他的政敌没料到他还如此快活，于是"遂再贬儋耳"（《艇斋诗话》），将苏轼流放到更远的瘴疠之乡。但这又能怎么样呢？苏轼在《独觉》诗中说：

瘴雾三年恬不怪，反畏北风生体疥。
朝来缩颈似寒鸦，焰火生薪聊一快。
红波翻屋春风起，先生默坐春风里。
浮空眼缬散云霞，无数心花发桃李。
翛然独觉午窗明，欲觉犹闻醉鼾声。
回首向来萧瑟处，也无风雨也无晴。

把谪居荒凉之地生火取暖的日常生活，写得如此富有诗意，如此生意盎然，意趣高远而超凡脱俗。充分说明人在孤独、寂寞和艰苦的环境中仍能保持美感，是其精神强大的标志。这样不仅能维护自己人格的独立、个性的完整，也能保持心灵的自由和适意，在生活中显得恬淡、从容和洒脱。由于审美，人的生活可以更多、更丰富。

这就是苏轼感受到作文之乐胜过世间其他乐事的主要原因。

▲ 苏轼

在宋代时期的文人眼中，苏轼的那种独具风骚的旷达潇洒的气度与情怀，足以称得上是最具超越感的风流人物了。他是个非常看重感情的人，所以他的感情生活丰富多彩；同时，由于深受老庄思想和禅学的影响，他又是一个具有超越于生死、物我之上而洞悉宇宙人生底蕴的敏锐感觉能力的人。他对于生活，有一种超乎有限的具体事物之上的妙赏能力，具有"物我无别""物我为一"的感觉，这是苏轼看重情感的风流精神的精髓之所在。对于诗人而言，这种感觉显得尤为重要。如《江城子·乙卯正月二十日夜记梦》：

　　十年生死两茫茫，不思量，自难忘。

　　千里孤坟，无处话凄凉。

　　纵使相逢应不识，尘满面，鬓如霜。

　　夜来幽梦忽还乡，小轩窗，正梳妆。

　　相顾无言，惟有泪千行。

　　料得年年断肠处，明月夜，短松岗。

这是苏轼为悼念亡妻王弗而作，属于写男女恋情的作品。情可以使人死，也可以使人生，尽管妻子已去世十年了，苏轼犹能在梦中与她相会。时光的流逝使诗人感觉到自己的衰老，担心相逢时妻子会不认识自己，此乃情痴之语。如此一往情深，使诗人入于如梦如幻之境，其感觉已突破了生与死的界限，似乎在梦中还能去与妻子相会，两人相对潸然泪下，无言诉说彼此的思念。写情至此，可谓至真至美至纯，道出了人间男女倾心相爱、至死不渝的真实感受和内心秘密，足以引发普遍的共鸣。可诗人把这种由个人恋情触发的感觉，置于生死两茫茫的人生空漠的叹喟之中，其超越的意味就更为深远，一直坠入宇宙人生变化迷离的无穷境地，令人体味不尽。

苏轼是在自己的生命体验和至性真情里发掘人生的意义的。一般说来，情感丰富的人，对痛苦的感觉就更深微，要求解脱的愿望也就更强烈一些。只有把自己个人的感觉从私欲和实用的观念中解放出来，进入"忘我"的心与物冥的审美体验中，纵身大化，与物推移，方能感觉到生命精神的自由和快乐。所以苏轼主要是在能充分体现其真情实感的文学创作活动中展示生命流行的价值，把人生意义问题转化为生命存在本身的问题。而生命存在的体验依赖于人的感觉，没有感觉的存在，是虚幻的存在。但只有在审美感觉中，生命存在的生动性和丰富性才能自由充分地表现出来。

■ 朱熹

苏轼竟能在应举作文时根据自己的意思，随意杜撰尧的谈话。尧是儒家推崇的圣人，圣人没说过的话，经书里没有记载，怎能随便乱讲，或望文生义呢？若是放在朱熹身上，他决不会这么做。如同样是礼部省试，在朱熹所考的试卷里有"刚中而应"一句，他记得这话在《周易》里出现过五次,而同考的人有说是七次的,朱熹再默诵一遍经书,并又默数了一遍,相信自己的记忆没错,"已而出院检本,果五出耳"。(《语类》卷104)由此可看出他对待经书态度的严肃认真。

朱熹在明确自己生平学问的宗旨后,有感于"作文害道",于是毅然放弃做文学家与诗人的念头,立下志愿做一名读书穷理的大儒。因此,朱熹声称自己的文字在他二十岁以前就已经成型,以后也没有多少长进。与此相关,他读书的范围也由早年的博览群书集中到儒家经典"四书五经"上来。据说朱熹将儒家经典反复阅读、领会,推敲字句,十分辛苦。他反对将只读过一遍的书束之高阁的游谈无根,也反对只凭兴趣读书而讲求自在。他说:"读书须是子细,思之弗得弗措,辨之弗弗明措也,如此方是。今江西人皆是要翛然自在,才读书便要求个乐处,这便不是了。某说读书寻到那苦涩处方解有醒悟。"(《语类》卷119)

也就是说,读书不是乐事,而是苦事,须下苦工夫。因为朱熹所讲的读书并非一般学习知识意义上的读书明理,而是一种思想改造活动。

当然,如果思想通过读书学习就能改造好,使自己与圣人的心思更加贴近,也是能够代替圣人立言的,例如朱熹作《四书集注》就是如此。这是另外一种意义上的思想改造,就是指根据读书人本人所处的时代需要,对圣人思想中的"微言大义"作出详细地诠释或阐明,使其更加符合现实中的社会政治文化。不过,朱熹认为这必须严格地按照圣人所著经典的真实含义接着讲,最好是如同孔子那样"述而不作,信而好古",就是指陈述原本发生过的事迹,那么其效果比重新写作更加重要。所以朱熹的许多著作全部采取为经典注疏的方式,首先认真地玩味经文,最好熟记于心,之后再逐句逐段地作出自己的注释,不敢贸然立论,以免解错了文义。

朱熹穷其一生都是在读书改造思想中度过,例如他少年时期就下定决心苦读"四书五经",从此一发不可收拾,直到他溘然长逝的那一刻为止。有传闻称,朱熹在临死之前,还在孜孜不倦地修订《大学章句》里的"诚意"章,总是认为自己的解说还有不贴切的地方。在宋代儒者中,朱熹是知识学问最丰富的大儒或通儒,因此,他的思想改造也就不限于本身,更多地体现在"代圣人立言"、为经书作注解方面,他在此方面所获取的成就举世公认。

在读书明理方面,朱熹推崇二程,把他们视为儒家圣人之道的当然传人,是新道统的奠基者,可是在文章写作方面却又肯定了欧、苏等人。他说:"文字到欧、曾、苏,道理到二程,方是畅。"(《语类》卷139)有要各取所长而合二为一的意思,这对中国封建社会后期士人的精神生活影响极大。大约从南宋末期开始,随着程朱理学为官方统治者所认可,学宗程、朱而文慕欧、苏,以古文家的文法阐述理学家的义理,有余力而顾及辞章,就成为一般应举士子奉行的读书作文的原则。明清两代,朱熹所作的《四书集注》是士人探求圣人之道的必读书,是他们科举考试时代圣人立言的根据,而考试时的八股文的起承转合,则是模范唐宋八大家的文法,即朱熹所讲的"天生成的腔子"。到了清末民初,演变为桐城派的"义法"。故"五四"新文学运动扫荡桐城妖孽时,是要

▲ 朱熹

把程朱理学和唐宋八大家一齐打倒的。想不到原本精神旨趣完全不同或对立的文学家的作文与理学家的读书明理，竟阴错阳差地被绑在一起。

如果不考虑程朱理学在封建专制社会政治中的实际作用，忘掉历史上曾有过的以理杀人的残忍，仅从理论上来看待朱熹的思想学说的话，未尝没有迷人之处。如朱熹所讲的克已复礼功夫，大公无私的"道心"，刚理性主宰支配个人的感性活动，保持内心对道德律令的敬畏等，确实能使从事道德履践的人树立伦理主体的庄重严肃，消除唯利是图、物欲横流给社会带来的动荡和道德沦丧。因此，发端于20世纪初的中国现代新儒家，鉴于西方两次世界大战所造成的社会动乱和血腥污秽，认为西方资本主义虽有科学技术发达造成的高度的物质文明，但西方人只追求物欲而道德式微，战乱屡起。要讲精神文明，则包括程朱理学在内的中华本土的儒家传统文化自处于优越的地位，主张继承传统，对儒家文化作同情的理解。

拓展阅读

古人倡导者：韩愈

韩愈是古文运动的主要倡导者、实践者，是唐代后期儒学复兴运动的代表人物。

他有感于唐代士人一方面追逐于名利之途，一方面热心于华词丽句的诗文，奋起而矫时风。这反映着唐代后期社会衰颓趋势对士人阶层所造成的严重刺激，反映着士人阶层主体精神和社会使命感的复现。但韩愈倡导的文化精神却如昙花一现，到了晚唐五代之时，士人阶层的进取精神又迅速萎缩下去，骈偶之文的复盛不过是这种精神萎缩在文学上的表现罢了。是宋代士人重新发现了韩愈，并且沿着韩愈开创的道路大大前进了。

　　他的古文运动到了欧、曾、王、苏等人手中才真正得以完成；他的儒学复兴运动，也只是在周、张、二程手中才真正获得成功。但是，韩愈毕竟为宋代士人竖立了一面旗帜。作为先进思想资料的提供者，他对宋代士人的影响是不容置疑的。

第六章
明清时期的士人

  中国独具特色并延续千年之久的士人到明清时期，已经悄然发生了很多改变。明末时期士人与小市民阶层的亲近以及清代深受西学影响的士人在天文历学方面的突破等等，这些变化一方面受到了当时朝代风气的影响，另一方面也标志着士人即将走向衰落。

第一节　明清文人趣味流变

■ 士人与市民形象的变化

自南宋以后到晚明时期，东南地区的都市文化中士人文化与市民文化交融的色彩越来越浓厚。据《客座赘语》说，明代嘉靖以前士风还比较正统，文人墨士谈吐高雅，举止彬彬有礼；而此后则士风日见浇漓，衣巾士人谈吐俚鄙如村巷之人。这不只是少数纨绔子弟离经叛道的问题，而是东南文人当中普遍存在的现象。

当我们阅读"三言""二拍"或《笑府》《笑林》一类文学作品时，不大容易把这些东西与我们心目中峨冠博带、道貌岸然的文人士大夫形象联系起来。相反，却很容易把这些作品的作者与读者想象成一帮不学无术、趣味鄙俗的小市民。然而事实上这些文人士大夫们却是近古社会文化中的精英阶层。自明代中期以来，江南的文人士大夫已成为一种与朝廷和正统观念相抗衡的具有一定独立性的政治与文化势力。其中最典型的当然要数东林、复社党人。尽管作为政治派别，东林、复社的势力与影响尚属有限，然而这些党人代表的是一个相当大的文化圈层。他们在政治上持不妥协的理想主义立场，人格上注重标举个人的节操，争意气的热心更甚于争是非，这在明代中后期蔚成风气，甚至连大臣触怒了皇帝而当廷被裸衣杖责都被视为荣耀。至于在生活方式、趣味与个人气质等方面更是推崇那种不同于官方和习俗的独特个性。晚明时期江南文人士大夫对市民趣味尤其是鄙俗趣味的兴趣，从某种意义上说，正显示了其悖离正统文化的精神。

正当文人士大夫们整日沉湎于都市声色的娱乐中不可自拔，又混迹市井生活的时候，商人及市井小民们却逐渐有意识地学习文人士大夫阶层的趣味与生活方式。当代著名的历史学家余英时先生在《中国近世宗教伦理与商人精神》一书中说道："明清时期的商人与士人阶级有着密切的联系。这一方面表现为一部分士人'弃儒就商'，加入了商人阶层；另一方面则是商人的'儒意'，即对儒家学说与道德的向往。"其实，这个时期的商人、市民感兴趣的不仅仅是"儒意"，而且包括能够体现士大夫文化与趣味的各个方面。经济繁荣的长江下游地区同时也是文化繁荣的地区，这同商人介入文化活动是分不开的。商人、市民们的附庸风雅使得士大夫的趣味，如书画、古董的鉴赏收藏等活动流行了起来，并加强了士人与市民社会的联系。像董其昌以及同时代的其他许多文人画家，如吴门画派、虞山画派的不少人都成为商人们追逐的目标，以至有人说明代的文人作每一幅画都是在制作商品。总之这个时期的儒与商、士人与市民在文化上开始杂糅了起来。凌濛初的人物形象中最有魅力的东西就是那种折射出时代文化色彩的儒商杂糅性格。从这个意义上讲，"二拍"是一卷体现晚明时期文化特色的人物画廊。

士人阶层发展到宋元以后，其生活方式逐渐发生了显著的变化，士人和市井社会的关系从旁观者的角度变得日益密切起来。这种关系建立的前提当然首先是与商业化了的都市生活环境息息相关，换句话说，士人的生活环境和普通市民的关系逐渐密切。与此同时，在这种物质生活联系的基础上，士人与市民的趣味也慢慢开始互相靠拢。

士人与市民关系的拉近,也逐渐影响到文人叙事和通俗叙事艺术之间关系的演变。上面提到的《莺莺传》后来走进市民艺术中演变为《西厢记》就是一个经典范例。需要留意的是,这个叙事文本的演变对于认识文人叙事兴趣的演变规律是有一定帮助的。从士人文化的角度分析,《西厢记》的一个重要改动就是故事中的士人形象——主人翁张生的态度。在董解元的《西厢记》中,张生的态度已经产生了根本的转变。体现这种转变的一个重要的标志就是故事结局中两人关系发展趋势的逆转,由《莺莺传》的始乱终弃转变为大团圆。这种转变产生的原因当然与故事接受者文化背景的变化有关。《西厢记》与《莺莺传》的一个重要差异在于,后者是文人创作、为文人欣赏的文学作品,而前者则是以城市市民为主要受众的戏曲。从市民的角度来看,张生在为自己的无情辩解时表现出的那种无动于衷的旁观者式的理智和冷漠是令人无法接受的。把《西厢记》放在元以后的诸多杂剧中就可以明白为什么结尾要改成大团圆了:杂剧中即使是悲剧,结局也总是要设法翻转成令人满意的大团圆。这个道理似乎很简单:对于一般市民来说,去勾栏瓦舍观看戏曲演出当然是一种娱乐活动,一种满足自己的情感需要的娱乐活动。元稹《莺莺传》中张生那种对男女性爱情感的不负责任和冷漠超然,以及因此而造成的故事最后那种不知所终的失落萧索,从当时文人士大夫趣味来看,即使不是人人都会欣赏,但至少是他们可以理解和承认的;

▲《西厢记》书影

而这种趣味显然不能令寻求情感宣泄或慰藉的一般市民观众满意。也就是说，《莺莺传》中的张生形象体现的是比较典型的士人趣味；而《西厢记》中的张生则更接近市民的趣味。就这种转化本身来看，这个故事似乎在演变过程中逐渐脱离了原先文人传奇的士人艺术背景。

■ 士人在叙事小说中的退席

鲁迅把清代小说分为四派，即拟古派、讽刺派、人情派和侠义派。在这四派中，拟古派的代表作是《聊斋志异》；讽刺派除了晚清的谴责小说外，《儒林外史》"几乎是唯一的作品"；而人情派小说在《红楼梦》之后接踵而来主要是形形色色的续作，直到晚清"《红楼梦》才谈厌了……于是便用了《红楼梦》的笔调，去写优伶和妓女之事情，场面又为之一变"。侠义派小说则包括从清中叶的《施公案》等公案小说到后来的《儿女英雄传》乃至晚清的《七侠五义》等五花八门的侠义小说。当然，这一时期的小说不仅限于以上四类，还有继承《水浒》风格的英雄传奇和承《三国》余绪的历史演义等不少其他类型的小说。但就形成这一时期特点、产生了具有较高艺术水准的代表作的小说流派而言，鲁迅所归纳的四种小说流派大体上反映了这一时期小说创作和传播的主导趋势。

在以上四种小说流派中，前三种代表作都出现在明朝时期，而侠义派则在清中叶以后才逐渐兴盛起来。这种时间顺序究竟有什么意义呢？从叙事内容中所体现的社会文化背景关系上分析，《聊斋志异》的故事范围广而叙述复杂多样，而《儒林外史》和《红楼梦》这两部书则都是从士人的角度出发，并以士人阶层为主要表现对象的写实类叙事作品。从中可知，这两部书中描写的士人阶层的社会地位与价值观念已经日渐衰微。同时还应留意到，在这两部书问世以来的近百年间，这类写实性的世情小说再也没有出现过重要作品。

明代的世情小说当以描写市井社会的《金瓶梅》为最。《金瓶梅》的作者是谁，至今无定论。前人有种种传说，如"嘉靖间大名士""世庙一巨公"等等，而后又有多方面考证，例如王世贞说、李开先说、贾三近说以及屠隆说等等。绝大多数的说法似乎都偏向于《金瓶梅》的作者是具有一定社会地位与才华横溢的文人形象。

然而，在《儒林外史》及《红楼梦》以后，叙事艺术有向公案与侠义故事的潮流转向。这类故事与《儒林外史》《红楼梦》相比，写实兴趣急速消退。与此同时，从故事的文化背景还可看出，士人在这些故事中的地位好像变得没那么重要了。当人们因"有憾于《红楼》"而转向"揄扬勇侠，赞美粗豪"时，事实上意味着在《儒林外史》《红楼梦》乃至才子佳人小说中作为作者关注中心的士人社会俨然默默退场。

士人阶层所处的社会环境在这一时期的叙事中日渐失去其重要性，这当然不能笼统地理解为这一时期中国的社会结构已经发生根本改变，以至于士人阶层在现实生活中彻底失去原先的地位。实际上，这一时期的中国社会仍然是一个传统意义上的社会，清初以来，随着科举制度与捐纳制度的逐渐发展，作为官僚士大夫文化背景的整个士人阶层急速扩张，简单来说，在整个社会结构中，不管是就人口比例来说，还是就在社会生活中的作用而言，是士人阶层都变得比之前更加重要了。然而，从另一个角度来看，这个日益庞大的士人阶层也在慢慢走向衰落。

■ 清初士人的西学风尚

随着清初士人与西学多渠道的广泛接触，"西学"或"天学"这门自晚明兴起的新异之学，在清初几成时髦之学。流风所及，上至名公巨卿，如龚鼎孳、魏裔介、李光地（公元1642—公元1718年）等；下及布衣学者，如王锡阐（公元1628—公元1682年）、薛凤祚、梅文鼎等。既有站在时代前列的启蒙学者顾炎武、王夫之、黄宗羲，也有立足于儒家学统的理学名士陆世仪（公元1611—公元1672年）、陆陇其等。尽管他们对西学的认知有较大的差异，然而西学成为清初士人谈论与研讨的一个重要对象，已是不争的事实。如一位清初学者所描述："近有西洋学，与中国所谈加巧密，虽小异而未偿不大同，世以郯子比之，闽浙传其学者甚多。"

面对西学东渐这股强有力的异质文化冲击波，相当一部分清初士人的学术视野被吸引过去了。而当他们关注西方实学的目光与当朝统治者的西学趣尚，因缘际会于同一时空，清初士林汇聚一股西学流风，自然不足为怪。

清初风靡一时的西学风尚，最突出的表现在于兴起了一股比较与研究中西天文历学之风，它几乎遍及整个学界。受西方科学传人的刺激，天文历学即已成为明末实学派倡导经世致用的专门之学，即如方中通所言"自太西氏人而天学（按：指天文历学）为专门"，而崇祯朝由西法改历激发的中西历法之争，更使天文历学在中国学术界的地位日益为人瞩目。承明末之势，清初学者往往兼治历算，而治历者又必谈西学。正如梁启超所概述："自《崇祯历书》刊行后，治历学者骤盛。若黄梨洲及其弟晦木，若毛西河，若阎百诗，皆有撰述。"而"其间专以历算名家者"则有薛凤祚、揭暄、方中通、杜知耕（公元1681年著《数学钥》，公元1700年著《几何论约》）等学者。

第二节 明清时期士人代表人物

■ 唐伯虎

唐伯虎是明代市民士人中的一员。他出身于商人家庭，从曾祖父起就在苏州皋桥经商。苏州在明代就已经是一个繁华的商业城市，他家所住的阊门更是闹市区，他在《阊门即事》一诗中描写了当地的繁华景象：

世间乐土是吴中，中有阊门更擅雄。

翠袖三千楼上下，黄金百万水西东。

五更市卖何曾绝，四远方言总不同。

若使画师描作画，画师应道画难工。唐家的商店就设在这样的一闹市区，自然是生意兴隆，财源不断，生活相当富裕。

但"万般皆下品，唯有读书高"的传统思想几乎已成了中国人的共同思想，即使是在已经有了资本主义萌芽的明代，人们仍然认为唯有读书高，商人再有钱，仍被人瞧不起。为了改变低下的社会地位，唐伯虎的父亲唐广德不惜重金聘请先生教育唐伯虎，希望儿子能通过科举获得一官半职。唐伯虎天资聪颖，接受能力很强，在短短的几年中读完了四书五经，还读了大量的史书。十六岁那年参加秀才考试便得了第一名，成了苏州府学生员。这是一件大喜事，亲朋好友都向他祝贺，唐伯虎年少气盛，对科举之路充满了信心。

但不幸的是，他在会试中被牵涉到科场舞弊案中，金榜题名固然成了泡影，他还被诬下狱，革了功名，从此后科举之路便与他绝缘了。事后，他在《与文征明书》中满怀怨愤地谈到这件事，他说："墙高基下，遂为祸的。侧目在旁，而仆不知，从容晏笑，已在虎口。庭无繁桑，贝锦百匹；逸舌百丈，飞章交加。至于天子震赫，召捕诏狱。身贯三木，卒吏如虎，举头抢地，涕泗横集。"这完全是一场冤狱。据《明史·程敏政传》云："或言敏政之狱，傅瀚欲夺其位，令昶奏之，事秘莫能明也。"程敏政是此次会试的主考官，他职位并不高，不过是礼部右侍郎，但因兼管内阁詹事府，要替皇帝起草诰敕，权力相当大，因此他的职位就成了朝官争夺的目标，"傅瀚欲夺其位"酿成了一场冤案。这一场冤案完全是朝官们权力斗争的产物，而唐伯虎则成了权力斗争的牺牲品。

唐伯虎受此屈辱，心中满含悲愤，他感到天道不明，世道不公，他来到伍子胥庙前，怀古伤今，题诗一首：

白马曾骑踏海潮，由来吴地说前朝。
眼前多少不平事，愿与将军借宝刀。

但这也不过是泄愤而已，他一介书生有什么能力，又凭借什么去铲尽人间不平事？眼前的家庭生活问题他都感到难以应付。由于父母亡故，他

不善于经营，生活越来越困顿。原指望读书做官，现在此路已绝。怎么办？他歧路彷徨，不知何去何从。正在他嗟叹"百无一用是书生"时，他的好友文征明一语提醒了他，他说："大丈夫处世，不能成功，也要成名。你成功之路已绝，但成名之路却在你脚下。"

后来，唐伯虎用卖画积蓄起来的钱在桃花坞建了一所别墅；其中竹篱茅舍，流水曲栏，芍药几丛，修竹横窗，虽无官宦之家的楼榭池馆，却有清逸的山野之趣。他在这里吟诗作画，流连光景。每逢良辰美景，邀来几个相知的诗朋酒友，在这里置酒设宴，即兴唱和，过起了真名士自风流的生活。他的一首桃花庵歌，吟唱的就是这种逍遥自在的神仙生活，诗云：

> 桃花坞里桃花庵，桃花庵里桃花仙。
> 桃花仙人种桃树，又摘桃花换酒钱。
> 酒醒只在花前坐，酒醉还来花下眠。
> 半醒半醉日复日，花落花开年复年。
> 但愿老死花酒间，不愿鞠躬车马前。
> 车尘马足贵者趣，酒盏花枝贫者缘。
> 若将富贵比贫者，一在平地一在天。
> 若将贫贱比车马，他得驱驰我得闲。
> 别人笑我忒风颠，我笑他人看不穿。
> 不见五陵豪杰墓，无花无酒锄作田。

唐伯虎的"不愿鞠躬车马前"是有牢实的经济基础作后盾的，已经不是清高的议论，而是市民士人爱自由的呼声。但另一方面，由于读书做官理想的破灭，他又滋生出一种万事由天定的宿命论来。他的《叹世诗》说：

> 富贵荣华莫强求，强求不出反成羞。

> 有伸脚处须伸脚，得缩头时且缩头。
> 地宅方圆人不在，儿孙长大我难留。
> 皇天老早安排定，不用忧煎不用愁。

可见科场冤案给他造成的心灵创伤是难以愈合的。他一面过着诗画自娱、自食其力的生活，一面对自己的不幸遭遇又常自怨自艾。他时时咀嚼自己的痛苦，正说明他做官之心不死。所以当江西宁王朱宸濠派人以重金聘请唐伯虎到他刚建成的阳春书院去做幕宾时，他未多加考虑就同意了。他认为这也许是进入仕途的机会，只要得到宁王赏识，过去所追求的也许可以获得。再说，外传宁王朱宸濠十分爱才。于是他怀着极大的希冀来到江西南昌宁王府。

他这次的江西之行真正应了他的"强求不出反成羞"的诗句了。到了南昌，他住在阳春书院，招待极周，却无事可做。经多方了解，这个书院其实是招降纳叛之地，朱宸濠网罗人才并非为学术，而是另有企图，一旦羽翼丰满，便要起兵反叛朝廷。当唐伯虎明白了这一切时，他心惊肉跳，后悔莫及。如不早日逃离虎口，他将会走上一条灭族的绝路。但不能公开辞职。他只能佯狂，成天喝酒胡闹，有时宁王要与他商量事情，他便以"是非满目纷纷事，问我如何总不知"推托。在宁王府闹了六个月，宁王虽然觉得他不过是个落拓文人，不可大用，却还没赶他走的意思。他就变本加厉，做出种种疯狂的举动，一次他在雪白的粉墙上涂诗一首：

> 碧桃花树下，大脚黑婆娘。
> 未说铜钱起，先铺芦席床。
> 三杯浑白酒，几句话衷肠。
> 何时归故里，和她笑一场。

宁王风闻此事，顿生厌恶之情，派人去察看动静，回来报告道：

唐伯虎疯了，他赤身裸体，满身污垢，喝酒骂人，砸杯摔盘。宁王听了，一气之下，便大骂唐伯虎是狂生，说："让他滚回家，去见他的大脚黑婆娘去吧！"唐伯虎终于逃离虎口，返回姑苏城。五年以后，朱宸濠果真起兵谋反，不久即全军覆没。

江西之行彻底熄灭了唐伯虎的希望之光，他的生命之舟搁浅在读书做官这一死港中，灵感不再闪光，诗思不再涌动，他全部的思想只凝固于科场上。他常常呆呆地坐在"蛱蝶斋"中，心情忧郁。有天晚上，他对还在灯下缝缝补补的妻子说："我又梦到下科场啦！"感慨一番，吟诗一首：

> 二十余年别帝乡，夜来忽梦下科场。
> 鸡虫得失心尤悸，笔砚飘零业已荒。
> 自分己无三品料，若为空惹一番忙。
> 钟声敲破邯郸梦，依旧残灯照半床。

"鸡虫得失"出自杜甫新《缚鸡行》，诗云："小奴缚鸡向市卖，鸡被缚急相喧争。家中厌鸡食虫蚁，不知鸡卖还遭烹。虫鸡于人何厚薄，吾叱奴人解其缚。鸡虫得失无了时，注目寒江倚山阁。"本意谓事物有失即有得，难以尽如人意。以后用来比喻细微之得失。唐伯虎对科场之冤总不能释然于怀，虽然极力想把它缩小为"鸡虫得失"，但心灵深处常为它而震撼。"鸡虫得失心尤悸"真实地显示了唐伯虎的矛盾心态。他无法摆脱这种心态带来的阴暗情绪。朋友的慰问、妻子的苦劝，都不能使他振作起来。他笔砚飘零，柴米告罄，生活更加困顿了。

为了激起唐伯虎的兴趣，一个朋友请他看一幅苏东坡的真迹，写的是一首《满庭芳》，那书法已到了炉火纯青的地步。如在以往，酷爱书法艺术的唐伯虎看到这真迹，一定会在赞叹之余再临摹一番。可现在,他看着读着,忽然黯然神伤,老泪纵横。原来《满庭芳》这首词中"百年强半,来日苦无多"两句深深触动了他。他自感贫病交加,来日真的不多了。想到苏东坡被贬黄州,后来还召回朝廷,受到重用,而自己却一生蹉跎,一事无成,不禁悲从中来,精神疲惫,跌坐在椅子上。从此后他一病不起,公元1523年,这个才华横溢的吴中才子,天才艺术家带着深深的遗憾离开了人世,潇洒地走完了自己的人生之路!看来读书做官这一观念已渗透到中国士人的每一个细胞,它对人们的制约力是任何其他力量都无法比拟的。

▲ 唐伯虎绘画作品

　　唐伯虎之死使人扼腕,也使人深思。他本来已经凭自己的技艺开辟了市民士人的生活道路,他的画受到广泛欢迎,说明他的价值已得到社会的普遍承认,他的名气比许多入仕的士人高得多。但他仍然以为读书做官才是正道,此路不通成了他的最大痛苦。这种痛苦摧毁了他的创作欲望和才能。他完全没有意识到他的价值——他作为著名画家将辉照着中国美术史。

　　民间并不理会他的痛苦,却给了他许多热爱,把他想象成活泼幽默、多才多艺(这点是确实的)、颇有点爱情至上主义的美男子,让他去"三戏秋香",以满足市民的审美需要。民间塑造的唐伯虎形象,可能是唐伯虎的另一种生活愿望吧。

■ 徐文长

徐文长是明朝嘉靖中期到万历前期的一个有着强烈的异端色彩而又难以摆脱传统束缚的市民士人。他是浙江山阴人，门第不高。在他父辈以前，只是个普通的平民家庭，到父辈曾上升到中下层官僚的地位，但不久即家道中落。大他二十多岁的长兄走的是经商之路，到徐文长出生时，他家已是个商人之家了。徐文长是婢女所生，到他十岁时，生母就被赶出了徐家大门。他从小就受歧视，所以他特别敏感、偏激。好在他的嫡母苗夫人还很关心他，并按传统观念，给他安排了一条读书——科举——做官的路。

徐文长启蒙教育的第一课就是读杜甫、岑参、王维与贾至唱和的《早朝大明宫》。启蒙教育的管先生是科场中的失败者，他挣扎了半辈子

▲ 徐文长

也没能中举，于是他把希望和憧憬寄托在这些幼童身上。他给孩子们描绘他想象中大明宫的金碧辉煌，摹仿着他想象中文武大臣们的雍容肃穆，他绘声绘色地讲解，给孩子们留下了深刻的印象。徐文长到了七十三岁的高龄，还在《畸谱》中记下了这启蒙教育的第一课："初学于管先生，即读'鸡鸣紫陌曙光寒'"（岑参一诗的第一句），而这也就成了徐文长苦苦奋斗一辈子的人生大目标。

徐文长虽坚持走读书做官之路，但他并不单纯地死啃经书，他有广泛的爱好。和唐伯虎一样，他学过很多技艺，他学琴、学制谱、学绘画，读书面很广。他在《上提学副使张公书》中自述："渭（文长名）少嗜读书，志颇闳博，自有书契以来，务在通其概焉。"他的《自为墓志铭》亦说："生九岁已能习为干禄文字，旷弃者十余年。及悔学，又志迂阔、务博综，取经史诸家，虽琐至稗小，妄意穷极，每一思废寝食，览则图谱满席间。"从中可以看出，徐文长学习勤奋，涉猎颇宽，而对经书、八股颇不大在意。他的读书学技艺，更多的是为自娱自适，这与他有叛逆精神的个性一致。他所以坚持走读书做官之路，从根本来说，是为了提高自己的社会地位。但他第一次考秀才就失败了。嘉靖十九年（公元1540年）他再次应试，再次失败。为此，他那经商的长兄要他弃学经商，兄弟间还发生了激烈的冲突。他在情绪激奋之下写信给浙江提学副使张和，要求复试。这是科举史上从未有过的事。这篇《上提学副使张公书》洋洋洒洒数千言，铺张扬厉，引起了张和的注意。信一开头就以身世的孤苦、哥哥的煎逼等种种困难以博取张和的同情：

（渭）五尺之躯，百事攸萃，志虽英锐，而业因事牵。家本伶仃就衰，而渭号托艺苑，不复生产作业。再试有司，辄以不合规寸，摈斥于时。业坠绪危，有若棋卵，学无效验，遂不信于父兄。而况骨肉煎逼，萁豆相燃，日夜旋顾，惟身与影！

而后提出要求：请假暑刻，试其短长，指掌之间，万言可就。或者才有可观，物非终弃，则愿挈之枯涸，置以清波。……不过期月，则书生之学可通；假以三年，则道理之堂可造。语文章则跨制两汉，语尽性则驾逸四儒，此亦学者之志愿能事，岂敢夸张虚说，以炫耀大人哉！……明公岂靳毫发之劳，使才士沉沦朽没，不得仰首信（读伸）

眉，激昂当世也！

最后他表示了破釜沉舟的决心：

万一因其昏愚，加以摈斥，则有负石投渊，入坑自焚耳！与能俯首匍匐，苟活偷生，为学士之废弃、儒行之瑕摘乎？惟明公其生死之！

他说出了急取功名的心声，暴露了扬才露己的毛病，也显露了引人注目的才华。大概是他的处境和决心使张和不得不认真考虑，终于同意复试，徐文长成为山阴县学生员。

而后他连续八次参加乡试，连续八次都失败了。他在一次又一次的希望和失望的交替中挣扎、扑腾，身心交瘁，苦不堪言。

为了维持生计，他曾在几间茅屋中招收学童，教书糊口。但他并不甘心就此埋没于闾巷，他要再次入科场，他的内心始终因未能做官而痛苦不安。

为了平息内心的动荡不安，他曾追随季本、王畿探究王阳明学说。他在《畸谱》中说："廿七、八岁，始师事季先生，稍觉有进。前此空过二十年，悔无及矣。"可见王阳明的学说对他思想影响之大。王学的一个重要命题是"致良知"，即强调一切道德修养、学问功夫，都是为了在内心体认人与生俱来的最高精神观念——良知，而徐文长又用他的市民思想进一步改造王学，把王学的"良知"改造为"制人"，他在《论中》之三中说：

自上古至今，圣人者不少矣，必多矣。自君四海、主亿兆，琐至治一曲之艺，凡利人者，皆圣人也。（庄）周新谓道在瓦砾，在屎溺，意岂引且触于斯耶？故马医、酱师、治尺棰、洒寸铁而初之者，皆圣人也。吾且以治者举：人出一思也，人创一事也，又人累千百人也，年累千万年也，而后天下之治具始大以明备。

王阳明认为人一旦恢复了"良知"，便能成为圣人，而徐文长则从他的市民思想出发，认为凡是对人有利的，即使是马医、酱师、治尺棰、洒寸铁之流都是圣人，社会的进步、历史的前进就是由上至君王，下至百姓，千万个这样的圣人共同推进的。这实际上是把广大的普通民众抬到与圣人同样高的地位。这是徐文长思想的闪光之处。

◼ 金圣叹

金圣叹（公元1608—公元1661年），原名金采，号圣叹，江南苏州府长洲县（今江苏省苏州市境内）人。同时，他也是清朝时期著名的文学家与文学批评家。据说金圣叹出生于公元1608年农历的二月初三，这个时间正是民间传说中的文昌君（中国古代主管考试、保佑读书撰文的神仙）出生的日期，自然，聪颖过人的他便有了"文昌君下凡"的美称。

据说金圣叹在12岁的时候，就开始不分昼夜地手抄《水浒传》，还在其中的某些语句下写些评点注释，据金圣叹自己说，他仅花费了5个月时间，就把《水浒传》全部评点完成。

金圣叹自负才华，但是，他不该反复将科举考试视作儿戏，只是一味地在考卷上尽情讽刺。又恰逢朝代交替，江山易主的多事之秋，

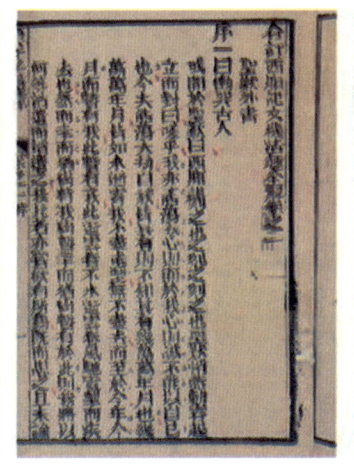

▲ 古代作品书影

致使金圣叹一生未曾出仕做官。例如金圣叹参加乡试的时候，考题为"西子来矣"，实际上要求考生对西施出使吴国的史料作出自己的评论。当大多数人还在冥想苦思之际，金圣叹就大笔一挥开始写道："开东城，西子不来；开南城，西子不来，开北城，西子不来！开西城，则西子来矣！西子来矣。"当时的主考官也是一个很有幽默感的人，于是在他的试卷上批道："秀才去矣！秀才去矣！"于是，金圣叹就这样名落孙山。

又例如，当他参加岁试（明代生员每年必须参加的考试）时，考官以"如此则动心否"为题要考生作文。他则在文章的末尾写道："空山穷谷之中，黄金万两。露白葭苍之外，有美一人。试问夫子动心否，曰动动动……动动动。"一连用了39个"动"字，直到把试卷填满为止！如此把功名视作儿戏，肆意地嘲笑圣人夫子，实在令人大跌眼镜。也正是由于这篇怪诞文章，他被革除了功名。

金圣叹在改名后又去参加科举考试，结果荣获榜首。但是，他打心底里瞧不起科举考试，明朝末年政治腐败、官僚不作为的现实再一次击碎了他入仕为官的梦想。明朝灭亡以后，身边的至交好友或选择自尽殉明，或选择反清被杀，这种翻天覆地般地变化对他的心灵产生了强烈冲击，让他一度想要归隐山林。后来，他又在佛、道思想的影响下，经常产生人生虚妄和无常的念头。著书立说成了他主要的消遣，他这样说过："生死迅疾，人命无常。富贵难求，从吾所好，则不著书，其又何以为活也。"

但是，就是在写作这一层面上，金圣叹的选择也与寻常人不太一样。他一生最著名的著作就是对《西厢记》《水浒传》等不是那些经世大道的古代戏曲及小说的点评。他的观点新颖，常常出人意料，给人一种别开生面之感，吸引人读下去。在《水浒传》第一回中，金圣叹就批注道："盖不写高俅便写一百八人，则乱自下生出；不写一百八人，先写高俅，则是乱自上作也。"以"乱自上作"这个样的词汇作评语，在那个时代，就是大逆不道的言论，一般人是没有胆量说的。

不过，金圣叹确实是一个令人很难捉摸与理解的人，他的行为处处透露出矛盾。清朝首次天子顺治帝读过他的书后曾赞叹地说："此是古文高手，莫以时文眼看他。"金圣叹听闻皇上对他如此青眼有加，"感而泪下""北向叩首敬赋"，写下非常肉麻的自捧诗句"何人窗下无佳作，几个曾经御笔评""一江春水好行船，二月春风便到天"，希望获得帝王的赏识，并能够被破格提拔，以便飞黄腾达。

金圣叹与朋友之间的交往，其行为怪诞至极，很不靠谱。在众多朋友里，他与王斫山相交甚笃。王斫山经常行侠仗义，为人幽默诙谐。有一天，他交给金圣叹一笔多达"千金"的钱财，并对他说："你用这些钱作为本钱赚取利息吧。日后本钱仍归我，利息则归你。"金圣叹口头上应允了，只是，才几个月的时间就将本钱花得一干二净，还不忘揶揄王斫山："钱放在你家，不过让你有了'守财奴'之称，我已经帮你把它们都花掉了。"这样一番滑稽的话弄得好脾气又重情义的王斫山只能一笑置之。

公元1660年，担任吴县（今江苏省苏州市吴中区）县令的人名叫任维初，传闻他为官暴戾，常用重刑催逼乡民缴纳钱粮，倘若有不从的乡民，就会无情地被棍棒打死。同时，他监守自盗，擅自贩卖三千石仓米，致使民怨沸腾，当时的有关文献记载说："三尺童子皆忿恨不平。"次年，吴县的众多士人按捺不住，聚集了100多人冲入文庙大声哭泣，鸣钟伐鼓，大闹官府，一致要求罢免任维初县令一职，跟随到来的人多达上千人。但是，当时主管苏州的朱国治和任维初是很好的朋友，一心为他开脱，称任维初是由于催征兵饷才招致无辜诽谤，许多士人目无朝廷、聚众闹事，于是下令逮捕。这便是清初江南三大案件之一的"哭庙案"（另两案为"奏销案""通海案"）。

金圣叹被当作主犯之一被抓获。有人说他是"哭庙活动"的领头者；也有人说他是"哭庙文"的撰稿人。金圣叹究竟在"哭庙案"中起到怎样的作用，至今已经不可考，不过，他曾在评点《水浒传》时强烈控诉贪官酷吏对百姓的残暴行为，对达官贵人一向以嬉笑怒骂为生平最大的快事。他这样站在官府的对立面的典型，如今出了"哭庙案"，刚好可被当权者当作把柄，恨不得立马除去他这个"眼中钉，肉中刺"。

金圣叹在被审讯的时候，他一直口呼"先帝"（顺治），审判者抓住这句话不放，怒声斥责道："皇上（康熙）刚刚即位，你为什么高呼先帝？分明是想着法儿诅咒当今皇上！"从而使他的罪名坐实，后来，他被作为首要人犯冠以"摇动人心倡乱，殊于国法"的重大罪名，被判斩首的刑罚。

古时候的律法规定，斩首的刑罚都在秋后施行。但是，那一年的农历七月十三，还没有等到立秋时节，所有案犯一并被处决。这一天，一共有121人分5处行刑，其中28人遭受凌迟的刑罚，89人遭受斩首的刑罚，4人遭受惨无人道的绞刑刑罚。金圣叹等人被问斩的时候，士卒密集地围成一圈，不允许亲人或旁观者靠近。违令者用枪柄、刀背乱砍。后来，只听一声炮响，人头纷纷落地。死难者的骸骨尽管有亲友收敛，但为了躲避当

▲ 清代斩刑

局稽查，并不敢将之带回去葬在家乡。金圣叹的骸骨暂由弟子沈永启寄放在沈家的家庙，等到风波平息后，才埋葬在吴县五峰山下。

尽管在贪官污吏的严酷镇压下，民众不敢正面反抗官府，但是，在这之后流传的许多佳话却充分反映了民心向背。金圣叹在被处以斩首的刑罚之前表现出的幽默更为文人们所津津乐道。据说，他请求狱卒带信给家人，狱卒为了讨好官员，于是先打了小报告。官员怀疑信中可能有辱骂官府的语言，于是自己打开信看，结果发现上面写道："字付大儿看：盐菜与黄豆同吃，大有胡桃滋味。此法一传，吾无遗恨矣。"官员看后哈哈大笑着说："金先生临死还不忘开玩笑。"

还有的故事版本是这样的。据说金圣叹将要被杀头的时候，向行刑的刽子手要求最先斩杀自己。刽子手说："你一个将死之人，我为何要听你的话？"金圣叹说："我身上揣着两张银票，倘若你肯先杀我，银票就归你所有。"刽子手因而相信了他的话，在行刑的时候第一个杀了他。等到人头落地后，刽子手果然找到两张纸条，开心地打开一看，却是一张写着"好"，一张写着"疼"。

另外，还传说金圣叹在临死之前留下了一副流传千古的对联——"莲子心中苦，梨儿腹内酸"。据说对联有着这样的来历：金圣叹有两个儿子，一个取名为莲子，一个取名为梨儿，眼睁睁看着父亲很快就会丧命于大刀之下，忍不住泪如泉涌，泣不成声。尽管金圣叹很心疼他们，却依然保持镇定，反而为了安慰自己的儿子们故意给他们出对联。他随口说出上联"莲子心中苦"，"莲"和"怜"同音，意思是"看到你们悲切哭泣的样子，我深感可怜"。两个孩子在生离死别之际，自然回答不出，金圣叹于是自己对出下联："梨儿腹内酸"。"梨"与"离"同音，意思是"自己即将与儿子永别，内心感到酸楚难忍"。表面看来只是对"莲子""梨儿"的据实描写，暗中却蕴含了一位父亲对儿子的不舍之情。

还有一个版本称,金圣叹在临刑前说道:"砍头最是苦事,不意于无意中得之。"这句话原本是对他自己无端惹来杀身之祸的感叹之语。没想到在口耳相传中,这句话却衍变为他的英雄事迹之一:他在临刑前泰然自若地向监斩官索要酒酣然畅饮,一边饮酒一边说:"割头,痛事也;饮酒,快事也;割头而先饮酒,痛快痛快!"金圣叹这个人物形象,就这样在人们的想象中更加具有高大伟岸的英雄气概。

金圣叹死时已经53岁,当时他的手稿尚未完成,就这样草率而又无奈地结束了他不同寻常的一生,只留给后世之人一个日渐远去、模糊的身影。他那复杂多变的思想内涵,辛辣狂傲的独特个性都让世人充满了好奇之心。值得庆幸的是,这位才子的一生终究为后人留下了诸多文字,百年之后,如果仔细品读他的这些令人拍案叫绝的文字,或许能让我们更进一步地了解金圣叹的真实想法。

拓展阅读

康熙带头学历算

康熙皇帝曾多次以西洋历算知识与群臣问对,公元1687年他与李光地召对乾清宫,曾问及西洋历法、西洋乐理和《几何原本》。

公元1692年康熙与群臣讨论历算,熊赐履(公元1635—公元1709年)、张玉书(公元1642—公元1711年)、张英(公元1637—公元1708年)等大学士俱不能答,他大为不满,竟至公开诘难:"你们汉人全然不晓得算法。惟江南有个姓梅的他知道些。"而康熙帝对梅文鼎兼通中西历算之学大加赞赏,且特书"绩学参微"四字表彰。康熙帝热衷西学的直接意义,不仅在于使西学沾上某种"帝王之学"的光环,而且对文人学士具有明显的导向作用,即所谓"上有所好,下必甚矣"的效应。

对于这种效应，李光地心领神会，作了最好的注解："固我皇上赝历在躬，妙极道数，故草野之下亦笃生异士，见知而与闻之。"

面对西学东渐这股强有力的异质文化冲击波，相当一部分清初士人的学术视野被吸引过去了。而当他们关注西方实学的目光与当朝统治者的西学趣尚，因缘际会于同一时空，清初士林汇聚一股西学流风，自然不足为怪。

图片授权

全景网

壹图网

中华图片库

林静文化摄影部

敬　启

本书图片的编选，参阅了一些网站和公共图库。由于联系上的困难，我们与部分入选图片的作者未能取得联系，谨致深深的歉意。敬请图片原作者见到本书后，及时与我们联系，以便我们按国家有关规定支付稿酬并赠送样书。

联系邮箱：932389463@qq.com

参考书目

1. 孙立群. 中国古代的士人生活. 北京：商务印书馆有限公司. 2014
2. 李春青. 乌托邦与诗——中国古代士人文化与文学价值观. 北京：北京师范大学出版社. 1995
3. 谢正光. 清初诗文与士人交游考. 江苏：南京大学出版社. 2001
4. 尚小明. 清代士人游幕表. 北京：中华书局. 2005
5. 沈长云. 崛起的士人. 北京：中国青年出版社. 1998
6. 童岭. 皇帝·单于·士人. 上海：中西书局. 2014
7. 黄云鹤. 唐宋下层士人研究. 河北：河北人民出版社. 2006
8. 刘月. 魏晋士人人格美学研究. 上海：复旦大学出版社. 2013
9. 王继如，杨墨秋. 古代士人处世之道. 北京：华文出版社. 1997
10. 王德朋. 金代汉族士人研究. 北京：中国社会科学出版社. 2006
11. 资中筠. 士人风骨. 广西：广西师范大学出版社. 2011
12. 铁爱花. 宋代士人阶层女性研究. 北京：人民出版社. 2011
13. 陈迎辉. 六朝士人的生存美学. 长春：吉林大学出版社. 2008
14. 郑克晟. 元末的江南士人与社会. 天津：南开大学出版社. 1988
15. 方健. 北宋士人交游录. 上海：上海书店出版社. 2013
16. 吕红梅. 秦汉时期士人犯罪研究. 北京：人民出版社. 2012
17. 左东岭. 王学与中晚明士人心态. 北京：商务印书馆. 2014
18. 陈文新. 士人心态话儒林. 北京：华中理工大学出版社. 1994
19. 刘泽华. 先秦士人与社会. 天津：天津人民出版社. 2004

中国传统民俗文化丛书

一、古代人物系列（13本）
1. 中国古代乞丐
2. 中国古代道士
3. 中国古代名帝
4. 中国古代名将
5. 中国古代名相
6. 中国古代文人
7. 中国古代高僧
8. 中国古代太监
9. 中国古代侠士
10. 中国古代幕僚
11. 中国古代皇后
12. 中国古代士人
13. 中国古代华侨

二、古代民俗系列（10本）
1. 中国古代民俗
2. 中国古代玩具
3. 中国古代服饰
4. 中国古代丧葬
5. 中国古代节日
6. 中国古代面具
7. 中国古代祭祀
8. 中国古代剪纸
9. 中国古代鞋帽
10. 中国古代生肖文化

三、古代收藏系列（16本）
1. 中国古代金银器
2. 中国古代漆器
3. 中国古代藏书
4. 中国古代石雕
5. 中国古代雕刻
6. 中国古代书法
7. 中国古代木雕
8. 中国古代玉器
9. 中国古代青铜器
10. 中国古代瓷器
11. 中国古代钱币
12. 中国古代酒具
13. 中国古代家具
14. 中国古代陶器
15. 中国古代年画
16. 中国古代砖雕

四、古代建筑系列（12本）
1. 中国古代建筑
2. 中国古代城墙
3. 中国古代陵墓
4. 中国古代砖瓦
5. 中国古代桥梁
6. 中国古塔
7. 中国古镇
8. 中国古代楼阁
9. 中国古都
10. 中国古代长城
11. 中国古代宫殿
12. 中国古代寺庙

五、古代科学技术系列（15本）
1. 中国古代科技
2. 中国古代农业
3. 中国古代水利
4. 中国古代医学
5. 中国古代版画
6. 中国古代养殖
7. 中国古代船舶
8. 中国古代兵器
9. 中国古代纺织与印染
10. 中国古代农具
11. 中国古代园艺
12. 中国古代天文历法
13. 中国古代印刷
14. 中国古代地理
15. 中国古代地方志

六、古代政治经济制度系列（16本）
1. 中国古代经济
2. 中国古代科举

3. 中国古代邮驿

4. 中国古代赋税

5. 中国古代关隘

6. 中国古代交通

7. 中国古代商号

8. 中国古代官制

9. 中国古代航海

10. 中国古代贸易

11. 中国古代军队

12. 中国古代法律

13. 中国古代战争

14. 中国古代衙门

15. 中国古代外交

16. 中国古代盐文化

15. 中国古代饮食

16. 中国古代娱乐

17. 中国古代兵书

18. 中国古代哲学

19. 中国古代宗祠

20. 中国古代奇案

21. 中国古代旅游

22. 中国古代家风

23. 中国古代地名

24. 中国古代家谱与年谱

25. 中国古代名字与别号

26. 中国古代墓志铭

七、古代文化系列（26本）

1. 中国古代婚姻

2. 中国古代武术

3. 中国古代城市

4. 中国古代教育

5. 中国古代家训

6. 中国古代书院

7. 中国古代典籍

8. 中国古代石窟

9. 中国古代战场

10. 中国古代礼仪

11. 中国古村落

12. 中国古代体育

13. 中国古代姓氏

14. 中国古代文房四宝

八、古代艺术系列（12本）

1. 中国古代艺术

2. 中国古代戏曲

3. 中国古代绘画

4. 中国古代音乐

5. 中国古代文学

6. 中国古代乐器

7. 中国古代刺绣

8. 中国古代碑刻

9. 中国古代舞蹈

10. 中国古代篆刻

11. 中国古代杂技

12. 中国古代民间工艺